新时代中国乡村振兴战略丛书

主编：顾保国 崔友平

产业振兴

绿色安全、优质高效的乡村产业体系建设

董彦岭◎编著

中原农民出版社 红旗出版社

图书在版编目（CIP）数据

产业振兴：绿色安全、优质高效的乡村产业体系建设 / 顾保国，崔友平主编；董彦岭编著 . -- 郑州：中原农民出版社；北京：红旗出版社，2019.10

（新时代中国乡村振兴战略丛书）

ISBN 978-7-5542-2106-8

Ⅰ . ①产… Ⅱ . ①顾… ②崔… ③董… Ⅲ . ①农业经济发展—研究—中国 Ⅳ . ① F323

中国版本图书馆 CIP 数据核字（2019）第 189226 号

产业振兴：绿色安全、优质高效的乡村产业体系建设

策划编辑 朱相师　丁　璞
责任编辑 朱相师
责任校对 张晓冰
装帧设计 张　敏　柳淑燕

出　　版 中原农民出版社　红旗出版社
发　　行 北京华景时代文化传媒有限公司
地　　址 郑州市郑东新区祥盛街27号　**邮　编** 450016
发行单位 全国新华书店　**电　话** 0371-65788655
承印单位 北京文昌阁彩色印刷有限责任公司　**电　话** 0371-65751257

开　　本 690mm × 980mm　1/16
印　　张 17
字　　数 193千字
版　　次 2019年10月第1版　**印　次** 2019年10月第1次印刷

书　　号 ISBN 978-7-5542-2106-8　**定　价** 48.00元

总 序

实现中华民族伟大复兴的题中应有之义

党的十九大提出实施乡村振兴战略，是以习近平同志为核心的党中央着眼党和国家事业全局，深刻把握现代化建设规律和城乡关系变化特征，顺应亿万农民对美好生活的向往，对“三农”工作作出的重大决策部署，是决胜全面建成小康社会、全面建设社会主义现代化强国的重大历史任务，是新时代做好“三农”工作的总抓手。

习近平总书记在十九届中央政治局第八次集体学习时强调指出：“乡村振兴战略是党的十九大提出的一项重大战略，是关系全面建设社会主义现代化国家的全局性、历史性任务，是新时代‘三农’工作总抓手。”“农业农村现代化是实施乡村振兴战略的总目标，坚持农业农村优先发展是总方针，产业兴旺、生态宜居、乡风文明、治理有效、生活富裕是总要求，建立健全城乡融合发展体制机制和政策体系是制度保障。”这从全面建设社会主义现代化强国的高度指出了实施乡村振兴战略的重要意义和科学内涵，明确了推进农业农村现代化的思路、方向和着力点，为我们牢牢把握农业农村现代化这个总目标、准确理解农业农村现代化的时代要求提供了根本遵循和行动指南。同时，按照全面建成小康社会和“两个一百年”奋斗目标的战略规划，中共中央 国务院印发了《乡村振兴战略规划（2018—2022年）》，对乡村振兴战略的实施给予具体指导。乡村振兴战略要求高、时间紧、任务重，迫切需要地方各级党委和政府以时不我待、只争朝夕的精神，以真抓实干、力求实效的作风，推动乡村振兴战略取得切实有效进展。

在推进乡村振兴战略中，发挥省市县乡村五级书记以及乡村振兴其他管理干部的作用尤为关键，他们迫切需要对乡村振兴战略的重大理论和实践问题进行全面学习。为此，我们专门组织编写了“新时代中国乡村振兴战略丛书”，以问题为导向，深层次、全方位地阐发乡村振兴战略的实施原则、实施模式、实现路径，希望为省市县乡村管理干部提供政策分析、管理方法、实施方案等内容，推动各级管理干部能够以更坚定的自信、更丰富的知识、更饱满的精神、更踏实的作风、更有效的举措，扎扎实实在乡村振兴战略中作出新的更大贡献。

“新时代中国乡村振兴战略丛书”涵盖了与乡村振兴相关的产业振兴、人才振兴、文化振兴、生态振兴、组织振兴，同时又涵盖了具体实施举措中的七方面内在要求，包括重塑城乡关系、巩固和完善农村基本经营制度、深化农业供给侧结构性改革、坚持人与自然和谐共生、传承发展提升农耕文明、创新乡村治理体系、打好精准脱贫攻坚战。本套丛书共12册，主要内容有：

一、《产业振兴——绿色安全、优质高效的乡村产业体系建设》

产业振兴是乡村振兴的物质基础。产业兴，则经济兴、农村兴。本书分析指出，乡村产业振兴，就是要形成绿色安全、优质高效的乡村产业体系，为农民持续增收提供坚实的产业支撑；要坚守耕地红线，严格划定和永久保护基本农田，建立完善农业生态补偿制度，始终绷紧国家粮食安全这根弦；要实施质量兴农、绿色兴农、品牌兴农战略，大力发展现代高效绿色农业，加快转变农业生产方式，提高农业供给体系的质量和效益，全面推进农业农村现代化；要充分挖掘和拓展农业的多维功能，促进农业产业链条延伸以及农业与工业、现代物流、文化创意、旅游观光、电商的深度融合，推动农村一二三产业融合发展。

二、《人才振兴——构建满足乡村振兴需要的人才体系》

人才振兴是乡村振兴的关键因素。实现乡村全面振兴，人是最关键、最活跃、起决定性作用的因素。乡村人才振兴的关键，就是要让更多人才愿意来、留得住、干得好、能出彩。本书分析指出，要创造有利于各类人才成长和发挥作用的良好环境，要有一个良好的制度安排，把现有农村各类人才稳定好、利用好，充分发挥现有人才的作用；要积极创造条件，鼓励城市企业家、高校毕业生和各类人才到乡村创新创业，大力支持“城归”群体和外出农民工回乡创业就业；整合社会力量开展农村人才培养，切实做好农村干部、农民企业家、新型农业经营主体和农民的培训工作。

三、《文化振兴——夯实乡村振兴的精神基础》

文化振兴是乡村振兴的精神基础。如果文化衰败，不文明乱象滋生，乡村就难以获得持续繁荣。本书分析指出，促进乡村全面振兴，必须坚持物质文明和精神文明一起抓，以社会主义核心价值观为引领，加强村风民俗和乡村道德建设，倡导科学文明健康的生活方式，传承发展农村优秀传统文化，健全农村公共文化服务体系，培育文明乡风、良好家风、淳朴民风，促进农耕文明与现代文明有机结合，实现乡村文化振兴。同时，还强调要保护好传统村落、民族村寨、传统建筑，用心留住文化记忆，将乡村文化融入乡村规划、景观设计和村庄建设之中，充分体现村庄特色和乡土风情。

四、《生态振兴——建设新时代的美丽乡村》

生态振兴是乡村振兴的重要支撑。本书分析指出，乡村生态振兴，要实现农业农村绿色发展，打造山清水秀的田园风光，建设生态宜居的人居环境；要全面改善农村人居环境，建设功能完备、服务配套、美丽宜居的新乡村；要加强农村生态建设和环境综合治理，尤其要加大农村面源污染、垃圾污水治理力度，推进农村“厕所革命”；要实施化肥、农药使用减量行动计划，采取总量控制与强度控制相结合的办法，推动化肥、农药等使用总量和强度实现持续快速下降。

五、《组织振兴——构建新时代乡村治理体系》

组织振兴是乡村振兴的保障条件。乡村组织振兴，就是要培养造就一批坚强的农村基层党组织和优秀的农村基层党组织书记，建立更加有效、充满活力的乡村治理新机制。本书分析指出，要着力加强党在基层的领导力量，打造千千万万个坚强的农村基层党组织，培养千千万万名优秀的农村基层党组织书记；要建立符合中国国情、更加完善有效、多元共治的新型乡村治理体系；要进一步深化村民自治实践，强化信息公开和村民参与，全面推进基层民主治理和依法治理，促进治理方式和手段多元化，因地制宜探索各具特色的治理模式；要将自治、法治与德治相结合，走乡村善治之路，确保乡村社会充满活力、安定有序。

六、《城乡融合发展之路——重塑城乡关系》

重塑城乡关系，必须走城乡融合发展之路。本书分析指出，要把公共基础设施建设的重点放在农村，逐步建立健全全民覆盖、普惠共享、城乡一体的基本公共服务体系；要坚决破除体制机制弊端，疏通资本、智力、技术、管理下乡渠道，加快形成工农互促、城乡互补、全面融合、共同繁荣的新型工农城乡关系。

七、《共同富裕之路——巩固和完善农村基本经营制度》

实施乡村振兴战略，必须巩固和完善农村基本经营制度，走共同富裕之路。本书分析指出，要坚持农村土地集体所有，坚持家庭经营基础性地位，落实农村土地承包关系稳定并长久不变政策，衔接落实好第二轮土地承包到期后再延长30年的政策，让农民吃上长效“定心丸”。巩固的内容主要有两点，一是农村土地集体所有，二是家庭承包经营，这两点是不变的，党的十九大也已经确定了承包地延包30年。但是随着现代农业的快速发展，农村的基本经营制度也需要完善，规模农业、土地托管也成为一种趋势。因此，出现了土地所有权、承包权、经营权“三权分置”的情况，让农村的土地经营权可以流转、抵押、贷款等，未来的政策会进一步释放农村土地的活力。

八、《质量兴农之路——深化农业供给侧结构性改革》

实施乡村振兴战略，必须深化农业供给侧结构性改革，走质量兴农之路。本书分析指出，要顺应农业发展主要矛盾变化，深入推进农业供给侧结构性改革，加快推进农业由增产导向转向提质导向，加快实现由农业大国向农业强国转变；要推进农村一二三产业融合发展，让农村新产业新业态成为农民增收新亮点、城镇居民休憩新去处、农耕文明传承新载体。

九、《乡村绿色发展之路——坚持人与自然和谐共生》

实施乡村振兴战略，必须坚持人与自然和谐共生，走乡村绿色发展之路。本书分析指出，要以绿色发展引领生态振兴，处理好经济发展和生态环境保护的关系，守住生态红线；要统筹山水林田湖草系统治理，加强农村突出环境问题综合治理，建立市场化多元化生态补偿机制，增加农业生态产品和服务供给。

十、《乡村文化兴盛之路——传承发展提升农耕文明》

实施乡村振兴战略，要传承发展提升农耕文明，走乡村文化兴盛之路。本书分析指出，要深入挖掘、继承、创新优秀传统乡土文化，把保护传承和开发利用有机结合起来，让优秀农耕文明在新时代展现其魅力和风采。在乡村的环境上，要加大整治力度，打造宜居宜人的农村生活环境。在一二三产业融合上，利用农村特有的优势，打造生态产业，打造集循环农业、创意农业、农事体验于一体的田园综合体，打造乡村休闲旅游产业等。

十一、《乡村善治之路——创新乡村治理体系》

实施乡村振兴战略，要创新乡村治理体系，走乡村善治之路。本书分析指出，要建立健全党委领导、政府负责、社会协同、公众参与、法治保障、科技支撑的现代乡村社会治理体制，健全党组织领导的自治、法治、德治相结合的乡村治理体系；要造就一支懂农业、爱农村、爱农民的“三农”工作队伍。

十二、《中国特色减贫之路——打好精准脱贫攻坚战》

实施乡村振兴战略，要打好精准脱贫攻坚战，走中国特色减贫之路。本书分析指出，脱贫攻坚进入啃硬骨头的决战决胜阶段，要把提高脱贫质量放在首位，注重扶贫与扶志扶智相结合，瞄准贫困人口精准帮扶，聚焦深度贫困地区集中发力，激发贫困人口内生动力；扶贫强调“精准”

二字，要通过产业扶持、生态补偿、易地搬迁、发展教育、社会保障等方式，确实保障全面建成小康社会一个人都不能掉队。

以上 12 本书在内容上涵盖了实施乡村振兴战略的重大理论与实践问题。丛书的撰写会聚了国内相关领域的权威专家和学者，历时一年多的时间完成初稿，并经专家委员会论证、修改、完善，最后由中原农民出版社、红旗出版社联合审定出版。在丛书的撰写和完善过程中，我们牢牢把握丛书主要是面向省市县乡村五级书记以及乡村振兴其他管理干部、乡村振兴战略研究者等，内容力求通俗易懂。同时，以在乡村振兴战略实施过程中涌现出来的典型为基础，采用纪实文学的创作模式，构建乡村振兴战略典型模式和启示，为读者提供具有实践意义的指导。在具体的结构上，文字叙述穿插大量的结构型、模块化图文，在每一章节中设置知识链接、专家观点、典型案例、延伸阅读、深度思考等板块。可以说，这套丛书对省市县乡村五级书记和乡村振兴其他管理干部全面了解乡村振兴战略具有很好的学习参考价值。

在丛书即将出版之际，作为党刊理论工作者，我深深地为中华民族实现从站起来到富起来再到强起来的伟大飞跃而倍感自豪；深深地为中国共产党人不忘初心、牢记使命，正确处理工农关系、城乡关系而倍感骄傲；深深地为以习近平同志为核心的党中央提出实施乡村振兴战略带领亿万中国农民走向共同富裕而倍感荣光。作为丛书主编，我对参与本书策划、撰稿、出版的各位专家领导表示深深的感谢，感谢他们为实施乡村振兴战略贡献智慧和力量。同时，由于时间紧张，对实施乡村振兴战略的理论问题研究还有待进一步深入，案例还有待进一步总结凝练，也请各位读者多多包涵。我们将在今后继续努力，力求为实施乡村振兴战略推出更多有实践指导价值的研究成果。

习近平总书记指出，“中国要强，农业必须强；中国要美，农村必须美；中国要富，农民必须富”，“没有农业农村现代化，就没有整个国家现代化”，“把乡村振兴战略作为新时代‘三农’工作总抓手”。全面建成小康社会、建设社会主义现代化强国，一步也不能离开乡村振兴。没有乡村振兴，就没有中华民族的伟大复兴。让我们一同携起手来，为实现中华民族伟大复兴而全面推进乡村振兴！

红旗文稿杂志社社长　顾保国

2019 年 8 月

目 录

第四章
建立现代农业经营体系：农业现代化的机制保障

第五章
强化农业科技支撑：让农业插上科技的翅膀

第六章
完善农业支持保护制度：让农民种地不吃亏

第七章
推动农村产业深度融合：以延链扩链提升产业价值

第八章
完善紧密型利益联结机制：让农民有参与感和获得感

第九章
激发农村创新创业活力：创新是产业发展的不竭动力

前 言

产业振兴是乡村振兴之本，而建立绿色安全、优质高效的乡村产业体系又是乡村产业振兴的基本遵循。《乡村振兴战略规划（2018—2022年）》明确提出，坚持质量兴农、品牌强农，深化农业供给侧结构性改革，构建现代农业产业体系、生产体系、经营体系，推动农业发展质量变革、效率变革、动力变革，持续提高农业创新力、竞争力和全要素生产率。如何按照党中央国务院的要求，把我国绿色安全优质高效的乡村产业体系打造好，是乡村振兴战略中一项举足轻重的任务。

一、产业振兴是实施乡村振兴战略的首要任务

在党的十九大报告中，习近平总书记提出了实施乡村振兴战略的总要求，即“产业兴旺、生态宜居、乡风文明、治理有效、生活富裕”。乡村振兴首先是产业振兴，通过实施乡村振兴战略需要激活的首先是乡村的经济价值。这是增强广大农民获得感、幸福感、安全感的坚实支撑，不仅有利于农民更好地实现就近就业增收，也有利于农民规避异地城镇化可能带来的家庭人口空间分离和留守儿童、留守妇女、留守老人问题，更好地实现就地就近城镇化。2018年3月8日，习近平总书记在参加山东代表团审议时提出，实施乡村振兴战略要从产业振兴、人才振兴、文化振兴、生态振兴、组织振兴五个方面着手，产业振兴同样被放在首位。

在实施乡村振兴战略的总体要求中，实现乡村产业振兴，要以推进供给侧结构性改革为主线，用现代发展理念和组织方式改造乡村产业。如确保粮食安全是实施乡村振兴战略的前提，也是推进产业兴旺不可动摇的根基。在推进粮食产业兴旺的过程中，要求摒弃片面追求增产的传统粮食安全观，进一步落实以我为主、立足国内、确保产能、适度进口、科技支撑的国家粮食安全战略和确保谷物基本自给、口粮绝对安全的粮食安全战略底线，积极推进粮食产业，加快实现由生产导向向消费导向的转变，由追求数量安全向追求数量、质量安全统筹兼顾转变。在此基础上，要按照增加有效供给、减少无效供给的要求，拓宽实现粮食安全的视野。

乡村产业振兴还要大力推进乡村产业多元化、综合化发展。以推进粮食生产为例，要结合完善质量兴粮、绿色兴粮、服务兴粮、品牌兴粮推进机制和支持政策，鼓励新型农业经营主体、新型农业服务主体带动小农户延伸粮食产业链、打造粮食供应链、提升粮食价值链，积极培育现代粮食产业体系，鼓励发展粮食加工业、流通业和面向粮食产业链的生产型服务业，促进粮食产业链创新力和竞争力的提升。要结合推进农业支持保护政策的创新和转型，深入实施藏粮于地、藏粮于技战略，通过全面落实永久基本农田特殊保护制度、加快划定和建设粮食生产功能区、大规模推进农村土地整治和高标准农田建设、加强农村防灾减灾救灾能力建设等举措，夯实粮食生产能力的基础，帮助粮食生产经营主体更好地实现节本增效和降低风险，将保障粮食安全建立在保护粮食生产经营主体种粮积极性的基础上。结合优化粮食仓储的区域布局和加强粮食物流基础设施建设等措施，全面提升粮食产业链和粮食产业体系的质量、效益和可持续发展能力，为把中国人的饭碗牢牢端在自己手中打下扎实基础。

二、建立绿色安全、优质高效的乡村产业体系是乡村产业振兴的不二选择

《乡村振兴战略规划（2018—2022年）》强调，要以推进供给侧结构改革为主线，按照质量兴农、绿色兴农、服务兴农、品牌兴农要求推进农业农村产业体系、生产体系和经营体系建设，为我国乡村产业振兴指明前进的方向。

（一）乡村产业体系应是绿色安全的产业体系

在党的十九大提出的五大发展理念中，绿色发展占据了非常重要的地位。长期以来，我国经济发展尤其是农业发展模式比较粗放，资源环境代价比较高，农业面源污染比较严重，农业农村的生态价值没有得到充分实现。强调乡村产业的绿色发展，实际上是对农业农村生态功能和生态价值的重新肯定。农业和乡村产业发展，要坚持绿色发展的理念不动摇，为我国整体的生态建设构筑起一个牢固的屏障。这不仅可以保障农业和乡村产业发展的可持续性，也为我国经济的绿色发展提供了牢固基础。

乡村产业体系的安全性也同样重要。农业为国民提供食物来源，也为农产品加工提供原料。农业产业体系的安全有两个层面，一是供给充足，即数量安全；二是质量可靠，即质量安全。随着我国农业生产力的持续提升，数量安全问题得到了较好的解决。质量安全问题变得更加突出。化肥农药的过量使用，不仅造成了土壤污染和环境损害，也造成了农产品尤其是粮食蔬菜的质量安全隐患。因此，在乡村产业体系建设中，安全是我国乡村产业发展的一个底线和红线。

（二）乡村产业体系应是优质高效的产业体系

长期以来，我国乡村产业体系比较单一，农业分散粗放经营，质量和品牌意识不强，导致我国农业和乡村产业竞争力较弱，很难适应国际化市场竞争的新形势。强调发展质量农业和品牌农业，提高优质农产品比重，是提高我国农业竞争力的一个重要出路。同时，传统的以乡镇企业为代表的乡村产业，产业层次较低、污染较重，成为都市淘汰产业的接收站，不能很好地体现地方特色和区域比较优势。因此，要通过发展第三产业，提升第二产业的产业水平，改变乡村产业低质低效的现状，做到传统而不落后，小微而不弱势，是未来乡村产业的一个重要发展方向。

要发展绿色安全、优质高效的乡村产业体系，最重要的一条就是推进农业和乡村产业的供给侧结构性改革，用改革的办法解决供给侧的结构性问题，借此提高供给体系质量、效率和竞争力；其手段是通过深化体制机制改革和政策创新，增加有效供给和中高端供给，减少无效供给和低端供给；其目标是增强供给体系对需求体系和需求结构变化的动态适应性和灵活性。当然，这里的有效供给包括公共产品和公共服务的供给。推进乡村产业振兴，应坚持发展现代农业和推进农业农村经济多元化、综合化“双轮驱动”的方针。鉴于中国农业发展的主要矛盾早已由总量不足转变为结构性矛盾，突出表现为阶段性供过于求和供给不足并存，并且矛盾的主要方面在供给侧，在发展现代农业、推进农业现代化的过程中，要以推进农业供给侧结构改革为主线。

加快构建现代农业产业体系、生产体系、经营体系，在推进农业供给侧结构性改革中占据重要地位。积极发展农业生产性服务业和涉农装备产业在建立现代农业生产体系中发挥着重要作用。当前中国农业劳动生产率远不及美国、日本等发达国家。其原因固然很多，其中之一就是中国农业装备制造业不发达。实施质量兴农、绿色兴农甚至品牌兴农战略，必须推进涉农装备制造业的发展和现代化。无论是在农业生产领域还是在农业产业链，都是如此。

农业装备水平的提高和结构升级，是提升农业产业链质量、效率和竞争力的基础所在，也是增强农业创新力的重要依托。随着农产品消费需求升级，农产品 / 食品消费日益呈现个性化、多样化、绿色化、品牌化、体验化的趋势，但中国的农业装备较为单一，难以满足推进农产品 / 食品消费个性化、多样化、绿色化、品牌化、体验化的需求。近年来，我国部分涉农装备制造企业积极推进现代化改造和发展方式转变，推进智能化、集约化、科技化发展，成为从餐桌到田间的产业链问题解决方案供应商，也是推进质量兴农、绿色兴农的领头羊，对完善农业发展的宏观调控、农业供应链和食品安全治理也发挥了重要作用。

推进农业农村经济多元化综合化是个发展问题，在发展过程中要按照推进供给侧结构性改革的方向，把握增加有效供给、减少无效供给和增强供给体系对需求体系的动态适应、灵活反应能力的要求，创新相关体制机制和政策保障，防止一哄而上、一哄而散和大起大落问题。要尊重不同产业自身特性和发展要求，引导乡村优势特色产业适度集聚集群集约发展，并向小城镇、产业园区、中心村、中心镇适度集中；或依托资源优势、交通优势和临近城市的区位优势，实现连片组团发展，提升发展质量、效率和竞争力，夯实其在推进乡村产业振兴中的节点功能。

总之，产业振兴是乡村振兴的首要任务，而发展绿色安全、优质高效的乡村产业体系是乡村产业振兴的不二选择。只有建立起绿色安全、优质高效的乡村产业体系，乡村产业振兴才能立于不败之地，乡村全面振兴才有了根本和依托。

第一章

夯实农业生产能力基础：把饭碗端在中国人自己手里

近年来，各地和有关部门认真贯彻落实中央要求，持续加强农业物质技术装备建设，不断创新政策举措，有力提升了我国农业综合生产能力，夯实了谷物基本自给、口粮绝对安全的战略基础，为经济发展、社会稳定、国家安全提供了重要支撑。

大力推进农业现代化，必须夯实农业生产能力基础，强化农业物质装备和技术支撑，加快构建现代农业产业体系、生产体系、经营体系，深入实施藏粮于地、藏粮于技战略，严守耕地红线，确保粮食安全，保障国家重要农产品有效供给，提高农业综合生产能力，推动粮经饲统筹、农林牧结合、种养加一体、一二三产业融合发展，把中国人的饭碗牢牢端在自己手中，为进一步加强农业生产能力建设指明了方向。

一、健全粮食安全保障机制

围绕实施国家粮食安全战略和乡村振兴战略、健康中国战略，守住安全底线，努力构建更高层次、更高质量、更有效率、更可持续的粮食安全保障体系。坚持以我为主、立足国内、确保产能、适度进口、科技支撑的国家粮食安全战略，建立全方位的粮食安全保障机制。按照“确保谷物基本自给、口粮绝对安全”的要求，持续巩固和提升粮食生产能力。

（一）鼓励加工流通企业、新型经营主体开展自主储粮和经营

目前我国粮食仓容压力巨大，“藏粮于民”是缓解仓容压力非常有效的途径。随着农民专业合作社、家庭农场、专业大户等新型农业经营主体种粮规模越来越大，粮食产量越来越多。每到粮食收获季节，如果没有粮食仓储设施，粮食不能及时出售，大量堆放容易导致发霉变质，致使一年的心血付诸东流。因此，新型农业经营主体对于建设粮食仓储设施有着越来越强烈的愿望。

但是随着粮食连续多年增产，一些地区存在严重仓容不足问题。现在越来越多的合作社和种粮大户已经认识到存储环节对于提高种粮收益的重要性。存储环节是种植粮食的终端环节，也是种粮赚钱与否最关键的环节，粮食储存不了、储存不好，就没有办法实现种粮效益最大化。

鼓励合作社、种粮大户等建设带有烘干设备的粮库，可以一定程度上缓解仓容压力；提高粮食仓储能力，建设带有烘干设施的粮食仓储设施，就可以掌握销售时机和市场动向，实现种粮效益最大化。从自身经济效益来讲，有利于实现种粮收益最大化；从社会效益来讲，能够实现“藏粮于民”，缓解粮食仓容不足的难题。

政府要加大对新型农业经营主体的扶持力度，从提高粮食产量、减少粮食产后损失、提高粮食经济效益角度出发，为新型农业经营主体提供所需的资金、技术和服务。从粮食流通领域来说，大力推进农民专业合作社等经营主体建设“粮食银行”，为农民提供统一烘干、统一加工、统一储存、统一销售的服务，可以较好地解决农民存储粮食难题。要大力推广科学储粮和粮食烘干技术，满足日益增长的储粮需求。

（二）加快完善粮食现代物流体系

目前我国粮食现代物流与供应链整合得到了进一步的发展，但同时也要清醒地看到我国粮食安全日益面临着国内高成本“地板”和国外低价格“天花板”的双重挤压、社会性存粮不断减少与各种突发事件频发的双重挑战、资源“红灯”和补贴“黄线”的双重约束，以及可能的粮食减产与局部战争的双重影响等，亟须通过供给侧改革等提高粮食产能及生产的有效性。如何根据环境变化不失时机地适应我国粮食安全的战略调整与供应链整合，综合提高国内外粮食生产与进口的有效性、安全性与应急响应性，就成了未来粮食现代物流的关键。

1. 强化现代粮食物流体系建设

按照“一带一路”、京津冀协同发展、长江经济带紧密结合要求，以及国家粮食安全战略调整部署，加快完善“八大粮食物流通道”，优化“两横五纵”重点线路。合理布局粮食收购、仓储、加工、周转等不同环节基础设施，推动建设一批粮食接发设施，支持建设一批中转仓、铁路专用线、内河沿海码头以及重要物流节点项目和综合性物流园区。

2. 突出科技作用

大力促进粮食科技成果转化，加强粮食物流新技术的研发应用，推广新型专用运输工具及装卸设备，着力打通粮油配送“最后一公里”。打通粮食科技与粮食产业经济结合的通道，加快推动粮食科技成果转化为现实生产力，进一步推进实施“科技兴粮”工程，切实增强粮食行业创新驱动能力，使粮食物流为粮食经济的发展提供必要支撑，把粮食物流效率的提高与粮食行业效益的提升结合起来。

3. 进一步重视粮食信息化的引领作用

积极遵循并运用现代物流与供应链管理理念，全面推动行业信息化建设，以及在业务管理、宏观调控等方面的引领作用。加快推进信息化和粮食行业发展深度融合，广泛运用大数据、云计算、物联网等现代信息技术手段改造传统粮食行业，加快推进“粮安工程”智能化升级改造，推动现代信息技术在粮食收购、仓储、物流、加工、供应、质量监测监管等领域的广泛应用，消除“信息孤岛”，实现互联互通。

（三）全面落实粮食安全省长责任制，完善监督考核机制

各地应该高度重视粮食安全省长责任制考核工作，坚持问题导向，层层压实责任，认真开展本地区考核工作。通过严格考核，增强粮食安全责任意识，进一步提高地方政府对粮食工作的重视程度，加大政策支持和财政投入力度，有效发挥考核“指挥棒”作用。

1. 落实属地管理责任

第一，厘清监管范围、内容和责任清单。按照国家和省《食品安全法》等有关法规、文件要求，进一步明确部门监管内容与职责，落实人员，细化责任，做到既无监管盲区，又避免交叉重复与职责不清。

第二，强化粮食质量安全属地监管责任落实与追责。制定并严格实行粮食质量安全监管责任制和责任追究制，完善责任体系。

第三，强化粮食质量安全监管体系建设。要明确或设立负责质量安全监管的职能处室，确保基层工作有人抓、有人管、有人负责。

第四，建立责任约谈机制。县级以上粮食部门对本地区经营活动中存在质量安全隐患，且未及时采取措施消除隐患的粮食经营者的法定代表人或者主要负责人进行责任约谈，要求其立即采取相应措施，杜绝和消除隐患。

第五，建立超标粮食处置长效机制。要明确超标粮食处置相关环节的监管部门及职责，加快研究重金属超标粮食退出最低收购价范围后的收购、处置等相关政策措施，逐步建立和完善超标粮食应急收购处置体系。

2. 督促企业履行粮食质量安全主体责任

第一，强化粮食经营企业主体责任。督促企业完善质量安全主体责任制度建设，强化企业主要负责人首负责任，落实质量安全相关人员岗位责任，严格执行企业质量安全主体责任追究制度。

第二，加强企业各项规章制度建设，规范记录质量信息，明确粮食入库、储存、出库销售质量责任人，确保质量可追溯、责任可追究、问题可溯源。

第三，提升质量安全管控能力。粮食收储企业要加强粮食出入库质量安全检验和库存粮食质量安全监管。

第四，建立粮食经营者信用信息体系和守法诚信评价制度。构建守信激励、失信惩戒机制。

3. 围绕“五个结合”，完善考核机制

坚持统一协调与分工负责、全面监督与重点考核、定量评价与定性评估、平时评价与年度考核、奖励先进与处罚落后相结合的原则，考核工作由地方政府牵头，有关部门既分工负责，又密切配合。建议将粮食安全

责任纳入省、市、县三级政府目标管理绩效考核体系，建立严格的奖惩机制，对得分排序靠前的地方，上级政府给予一定的政策倾斜、项目支持和资金奖励；对排序靠后的地方，提出限期整改措施；对在考核工作中弄虚作假、虚报瞒报情况的，进行通报批评，并对相关责任人进行追责问责；健全考核监督制度，形成长效机制。

（四）建设粮食质量安全监测体系

1. 强化检验监测体系建设

各地要结合粮食质量安全监管与监测工作的政策性、专业性、特殊性，保持机构的相对独立。依托《粮食收储供应安全保障工程建设规划（2015 —2020 年）》，采取站库结合、站场结合、建设区域性质检中心等各种有效措施，保持粮食检验监测体系的系统性和完整性，确保粮食部门具备充足检验资源和力量，履行其法定职责，确保“机构成网络、监测全覆盖、监管无盲区”落到实处。

2. 切实加强监测，提高预警预判能力

强化风险意识，建立健全监测预警体系，提升预警预判能力、应急处置能力和危机管控能力，切实做到突发事件“早发现、早报告、早研判、早处置、早解决”，严防发生区域性、系统性粮食质量安全风险。加强粮食质量安全风险监测，建立健全新收获粮食质量安全风险监测、质量调查、质量会检、品质测报制度，认真落实国家食品安全风险监测年度计划。

3. 严格检查制度，优化检查方法

明确检查范围，要将国家临时存储粮、地方储备粮、政策性成品粮、纳入统计范围的多元市场主体收储的商品粮以及粮食部门认定（供应）的“放心粮油”“主食工程”“应急保障”等涉及民生工程的粮油食品纳入抽查范围，加大抽查力度；强化应急反应能力。

4. 制定《粮食质量安全事故（事件）应急处置预案》，健全快速反应机制

开展应急演练，对质量安全事件及早处置，最大限度地减少粮食损失，最大限度地降低人身健康危害和社会不良影响，将危害和影响控制到最低程度和最小范围。

5. 加强超标粮食管控

各地要加强对检查中发现的库存粮食重金属、真菌毒素、农药残留超标粮食的管控，制定各类超标粮食的处置办法并依规处置，禁止不符合食品安全标准的粮食进入口粮市场。

知识链接

“粮食银行”五大运作模式

目前“粮食银行”有五大运作模式：

一、以物换物的“广饶模式”

山东广饶县，目前被称为中国“粮食银行”的发源地。广饶县“粮

食银行”由县粮食部门与实力强大的粮食加工企业合作，向银行贷款购买农民的粮食。

二、银企合作的“龙江模式”

2008 年，北大荒粮食物流有限公司与中国民生银行大连分行合作，在建三江成立“粮食银行”。其主要解决农民卖粮难的问题，依托 13 个物流仓储节点，在收获季节收购农民粮食统一存储，过了秋后集中卖粮的时间再出售粮食，打开时间差。

三、三业融合的“太仓模式”

2006 年，江苏太仓探索并开创“粮食银行”。太仓“粮食银行”不以盈利为主要目的，而是以节约粮食、助农增收为根本，为助推城乡一体化健康发展提供粮食收储和安全保供的配套服务，突出“粮食银行”为农服务的功能定位。

四、政府背书的“凤台模式”

2013 年，安徽凤台县政府推出“凤台粮行”，通过公司化运营，吸收农户手中余粮“储蓄”，储户可凭存粮折（卡），取回原粮、或兑换生产生活用品、或持卡消费、或提取现金等，形成一种新型粮食经营业态。它是由县政府背书，并承担监管职责。

五、“粮食银行 +”的“中粮模式”

自 2016 年起，中粮搭建“粮食银行 +”农业综合服务平台，将各项农业服务整合起来直接对接服务农民，改变传统收购粮食贸易中间商的角色，直接提高农民收益，服务国家粮食安全。

二、加强耕地保护和建设

近年来，尽管我国耕地面积有所增加，但粮食生产的实有耕地面积并未增长，粮食安全和耕地保护形势依然严峻，人均耕地少、耕地质量总体不高、耕地后备资源不足的基本国情没有改变。

耕地质量也因为以下原因有所下降：首先，建设用地存在一定程度的占优补劣问题，虽然从数字上看实现了占补平衡，但占优补优的原则在基层没有很好落实；其次，一些地方工业“三废”的任意排放和矿区开采，造成了一定范围的农田污染和损毁；再者，农业生产中对土地过度索取，为追求短期产量和效益，过量使用化肥、农药、地膜导致出现土壤板结、肥力下降等一系列问题；最后，一些特殊地区因个别元素富集而发生的土壤地方病没有引起重视，导致治理难度越来越大。

（一）严守耕地红线，全面落实永久基本农田特殊保护制度

完成永久基本农田控制线划定工作，确保到2020年永久基本农田保护面积不少于15.46亿亩。

1. 守住永久基本农田控制线

已经划定的永久基本农田特别是城市周边永久基本农田不得随意占用和调整。因重大建设项目、生态建设、灾毁等经国务院批准占用或依法认定减少永久基本农田的，按照《中共中央 国务院关于加强耕地保护和改进占补平衡的意见》要求，在原县域范围内补划永久基本农田。按照永久基本农田划定有关要求，补划数量和质量相当的永久基本农田。

2. 统筹永久基本农田保护与各类规划衔接

协同推进生态保护红线、永久基本农田、城镇开发边界三条控制线划定工作。按照《中共中央 国务院关于加强耕地保护和改进占补平衡的意见》要求，将永久基本农田控制线划定成果作为土地利用总体规划的规定内容，在规划批准前先行核定并上图入库、落地到户。各地区各有关部门在划定生态保护红线、城镇开发边界工作中，要与已划定的永久基本农田控制线充分衔接，原则上不得突破永久基本农田边界。

3. 开展永久基本农田整备区建设

国土资源主管部门要在划定永久基本农田控制线基础上，结合当地实际，组织开展零星分散耕地的整合归并、提质改造等工作，整治后形成的集中连片、质量提升的耕地，经验收评估合格后，划入永久基本农田整备区。

4. 完善永久基本农田保护补偿机制

国土资源主管部门要会同相关部门，按照“谁保护、谁受益”的原则，探索实行耕地保护激励性补偿和跨区域资源性补偿。鼓励有条件的地区建立耕地保护基金，与整合有关涉农补贴政策、完善粮食主产区利益补偿机制相衔接，与生态补偿机制相联动，对承担永久基本农田保护任务的农村集体经济组织和农户给予奖补。

5. 构建永久基本农田动态监管机制

建立永久基本农田监测监管系统，完善永久基本农田数据库更新机制，省级国土资源主管部门负责组织将本地区永久基本农田保护信息变化情况，通过监测监管系统汇交到国家国土资源主管部门，并对接建设用地审批系统，及时更新批准的永久基本农田占用、补划信息。结合土地督察、全天候遥感监测、土地卫片执法检查等，对永久基本农田数量和质量变化情况进行全程跟踪，实现永久基本农田全面动态管理。

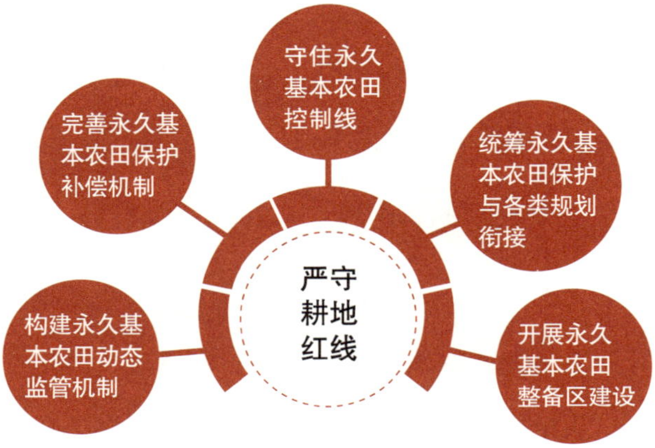

严守耕地红线

（二）大规模推进高标准农田建设

确保到2022年建成10亿亩高标准农田，所有高标准农田实现统一上图入库，形成完善的管护监督和考核机制。

高标准农田是增强农业综合发展能力、建设现代农业的重要基础和保障。

1. 加快工程建设步伐

要优化高标准农田建设布局，合理确定建设优先顺序，优先在粮食主产区建设确保口粮安全的高标准农田，积极支持贫困地区建设高标准农田；加强中低产田改造，切实提高农田集中连片程度和产出能力；积极支持种粮大户、家庭农场、农民专业合作组织和农业企业等新型经营主体建设高标准农田，增加资金投入，充实建设内容，实行连片治理，推进规模化、集约化、专业化和机械化生产，提高土地产出率，促进土地有序流转和适度规模经营。

2. 加强建设资金整合

整合新增资金，集中开展高标准农田建设。同步推进耕地质量建设、高效农田节水建设、农业新技术推广与高标准农田建设，分区域、分类型开展中低产田改造和盐碱地、沙化地治理。积极推进高标准农田建设资金整合试点工作，积累经验，完善政策，建立健全统筹安排建设资金的长效机制。建立“以补代投、以补促建”的投入机制，完善社会资本和金融资金投入高标准基本农田建设的激励机制，形成以社会资本为主、政府补贴为辅的高标准农田建设和中低产田改造新模式。

3. 科学设计建设内容

要按照各标准的要求，科学合理地设计高标准农田建设内容，组织开展田、水、路、林综合治理。以畅通骨干灌排渠系为基础，协调推进土地平整、灌排沟渠、田间道路、农田林网与生态环境保护等基础设施建设。树立可持续发展理念，重视土壤改良和地力培肥，大力推广土地深耕和节水灌溉，同步采取农艺和工程技术措施。

4. 强化工程建设监管

要进一步完善高标准农田建设和管理制度，梳理和规范项目申报、勘察设计、招标投标、工程施工、工程监理、竣工验收、监督检查等各个环节的操作规程，实现项目建设管理精细化。项目建设地点、建设内容和规模、项目批复文件、竣工验收报告等相关信息，要及时公开、公示，接受社会监督。依托国土资源遥感监测“一张图”和综合监管平台，利用农村土地整治监测监管等有关部门的管理系统，建立信息化管理机制，对高标准农田实现全程监控、精准管理。

5. 健全建后管护机制

按照先建机制、后建工程的原则，推动建立健全高标准农田建后管护长效机制。高标准农田建设竣工验收后，要做好登记造册。通过签订协议等方式，明确工程设施所有权和使用权。落实管护责任主体和管护经费，确保管护到位。强化用途管控，及时将建成的高标准农田划为永久基本农田，实行特殊保护。建成后的高标准农田要防止高标准农田非农化。在开展粮食生产功能区和重要农产品生产保护区划定工作时，要优先将高标准农田建设区域纳入范围。

专家观点

我国将划定永久基本农田

我国将划定永久基本农田、城市发展边界和生态保护红线，保护国土资源。

我国城镇周边的耕地，多是长期形成的高产田，在城镇发展的过程中，被钢筋水泥一圈一圈地吃掉，这将会造成严重后果。划定永久基本农田，要先从控制发展规模的500万人口以上大城市周边开始，由大到小，逐步覆盖各类城市和小城镇；由近及远，从城市周边扩展到广大农村，覆盖全部基本农田。

目前城市建设无序发展，原因是没有控制好开发强度，没有划定城市开发边界——我们将与住建部门紧密配合，从每个城市，特别是大城市的实际出发，在划定城市周边永久基本农田的基础上，修订城市土地利用规划和城市建设规划，尽快把城市发展边界确定下来，并选择部分县市开展“三规合一”或“多规合一”试点。

未来还将在国土规划和土地利用规划中明确开发强度，划定生产、生活、生态空间——严格落实规划和用途管制，城市中的自然山水要严格保护；农村建房要慎砍树、禁挖山、不填湖；沿海、山区建设要顺应自然、依山顺势，不得随意劈山填海、平壑造地。

——十三届全国政协常务委员、人口资源环境委员会副主任姜大明

（三）加快“两区”的具体落实，实现精准化管理

1. 突出生产能力建设

各地要按照统筹规划、因地制宜、集中连片、旱涝保收、稳产高产、生态友好的要求，切实加强粮食生产功能区和重要农产品生产保护区综合生产能力建设。要以高标准农田建设和土地整治为依托，加大粮食生产功能区和重要农产品生产保护区（以下简称“两区”）范围内的骨干水利工程和小型农田水利设施建设力度，因地制宜兴建“五小水利”工

程（小水窖、小水池、小泵站、小塘坝、小水渠），大力发展节水灌溉。“两区”实现田成方、渠相连、路相通、涝能排、旱能灌，地力等级较高，适合大中型农业机具作业，成为稳定提升粮食产能和保障重要农产品供给的有力支撑。

2. 突出发展规模经营

以“两区”为平台，大力培育种粮大户、家庭农场、农民合作社、产业化龙头企业等新型农业经营主体，健全农村经营管理体系，加强对土地经营权流转和适度规模经营的管理服务，鼓励采用土地股份合作、土地托管、代耕代种等多种方式发展适度规模经营。支持新型农业经营主体按项目管理规定申报和实施财政支农项目，优化生产结构，增加绿色优质农产品供给。

3. 突出服务综合配套

大力发展农业经营性社会化服务主体，抓紧构建覆盖全程、综合配套、便捷高效的农业社会化服务体系，提升农技推广和综合服务能力。重点加强育秧中心、粮食收储中心、加工中心和社会化服务主体建设，推动粮油产业向前端延伸推进规模经营、结构调整，向后端延伸配套烘干、物流仓储等设施，走精品路线、高端路线、品牌路线，将“两区”建设成为引领现代农业全产业链发展和转变农业发展方式的驱动引擎。

4. 突出产业结构调整

根据市场需求，加快“两区”粮油结构调整，不断优化粮油产品供给结构和质量，满足城乡居民消费升级和加工转化需求。水稻生产功能区应加大国标Ⅱ级优质稻的种植；小麦生产功能区要大力发展中筋或中强筋小麦，在适宜优势区适当发展优质弱筋小麦；玉米生产功能区要适度调减普通籽粒玉米，因地制宜发展青贮饲用玉米和甜糯玉米；油菜籽生产保护区要大力推广双低油菜品种，提高油菜种植机械化水平，改善油菜籽品质。通过“两区”建设，有力改善粮油结构矛盾，为农业供给侧结构性改革树立示范标杆。

5. 切实强化“两区”监管

各地要根据法律法规要求，完善“两区”保护相关制度，保护水土资源；严格永久基本农田管理，确保“两区”范围内耕地数量不减少、质量不降低；严格落实“两区”农业基础设施保护责任，积极创新农田水利工程建管模式，鼓励农民、农村集体经济组织、各类新型经营主体参与建设、管理和运营；加强资产管护制度建设，依法依规推进资产管护工作；建立激励约束机制，将各地资产管护情况作为分配财政支农相关专项资金的重要依据，激励各地切实做好资产管护工作。

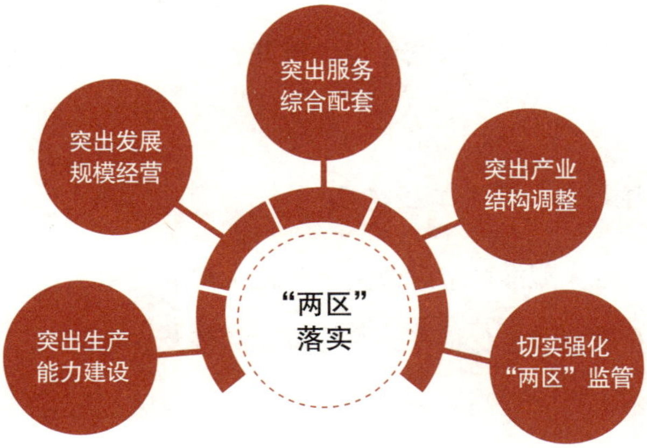

“两区”落实

（四）加强农田水利基础设施建设

实施耕地质量保护和提升行动，到2022年农田有效灌溉面积达到10.4亿亩，耕地质量平均提升0.5个等级（别）以上。

把农田水利建设作为现代农业发展的基础优先推进，着力构建配套完善、综合效益明显的农田水利体系。

1. 突出抓好农田灌排工程建设

进一步完善农村供水设施，积极开展集中式供水工程建设，加强饮用水源保护，重点解决污染水和局部区域严重缺水等问题。继续实施大中型灌区续建配套和改造，充分发挥灌区的整体效益；以排涝站、桥、涵、闸建设为重点，加大涝区治理改造力度，提高治涝标准。

2. 切实加强蓄水工程建设

按照分级管理、分级负责的原则，全面推进病险水库除险加固，加速提升防御洪涝灾害能力，做到大中型水库主体工程全部消险，附属设施进行相应的完善和配套，小（一）型病险水库实现主体消险。同时，努力开辟小（二）型水库投资渠道，搞好整修加固，消除病险隐患，提高蓄水能力。

3. 全面抓好节水灌溉工程建设

要继续抓好大型灌区节水改造，降低水田灌溉用水定额，提高渠系水利用系数和水田灌溉保证率；大力推广和普及先进的旱田节水灌溉技术，降低投入成本，提高农民节水意识；鼓励农民应用先进的节水灌溉技术，引导和扶持农民发展节水农业；加强水源工程建设管理，科学规划农民打井，坚持发展与保护并重。

4. 狠抓小型农田水利设施建设

整体推进小型农田水利工程建设和管理。充分发挥中央和省级财政小型农田水利“民办公助”专项补助资金和农业综合开发专项资金的示范辐射带动作用，调动农民参与小型农田水利工程建设的积极性，促进农田水利建设全面展开。

5. 建立农田水利基本建设投入新机制

各地要进一步探索政府和全社会联合办水利的路子，根据市场经济的要求，逐步建立以政府、农民、社会各界共同参与的多层次、多渠道、多元化的投入新机制，提高农田水利基本建设的总体投入水平。

6. 完善小农水资金使用办法，建立引导激励机制和“以奖代补”机制

对于自愿开展的小型农田水利工程建设、效益明显的项目，给予重点扶持和补贴。要采取多干多补、少干少补、先干后补等形式，对小型农田水利工程建设实行“民办公助”。通过对机制好、管理严、效益高的项目实行“以奖代补”的方式，将有限的财政资金重点用于农田水利项目建设的奖励性补助，充分发挥好财政资金的导向作用。

专家观点

差别化、定向化扶持：进一步优化农业生产结构和区域布局

粮食生产功能区和重要农产品生产保护区包括稻谷、小麦、

玉米三大谷物粮食生产功能区和大豆、棉花、油菜籽、糖料蔗、天然橡胶五类重要农产品生产保护区。

建立“两区”本质上是把种植粮食和重要农产品的优势区域相对固定下来，以生产粮食等主要农产品为功能，实施差别化、定向化扶持政策，进一步优化农业生产结构和区域布局。

落实藏粮于地、藏粮于技战略，确保谷物基本自给、口粮绝对安全。以关系国计民生的粮食等重要农产品为重点，以耕地保护红线、永久基本农田为基础，在水土资源环境条件较好、农业基础设施比较完善的优势产区划定并建立“两区”，是落实新时代国家粮食安全战略的迫切需要。

推进供给侧结构性改革，优化农业区域布局。通过建立“两区”，进一步聚焦核心品种和优势产区，将粮食等重要农产品生产用地细化落实到地块，优化区域布局和要素组合，为农业结构战略性调整和提高农产品市场竞争力提供坚实支撑。

完善农业调控方式，推进农业现代化。以“两区”为平台，推动农业科技集成和推广应用，创新农业发展机制，有利于推动建立现代农业产业体系、生产体系和经营体系，引领全国现代农业建设，有利于完善农业宏观调控方式，实现国家强农惠农政策精准定位、精准施策、精准监测和精准评价，更好地调动地方政府和农民发展粮棉油糖生产积极性。

——农业农村部部长 韩长赋

三、提升农机装备水平

保障粮食安全，关键是保生产能力，必须守住耕地红线，把高标准农田建设好，把农田水利搞上去，把现代农业、农业机械等技术装备水平提上来，确保需要时能产得出、供得上。中共中央 国务院印发的《乡村振兴战略规划（2018—2022年）》，提出要加快农业现代化步伐，其中重点提到提升农业装备和信息化水平。

提升农机装备水平是实施乡村振兴战略的必经之路：实施乡村振兴战略重要一环是要夯实农业生产能力基础，加快农业现代化步伐。《乡村振兴战略规划（2018—2022年）》明确指出，要推进我国农机装备和农业机械化转型升级，加快高端农机装备的生产研发和推广应用，同时要加快主要作物生产全程机械化，提高农机装备智能化水平。

（一）推进我国农机装备和农业机械化转型升级

完善以企业为主体、市场为导向的农机装备创新体系，支持农机装备产业链上下游企业共同攻克基础材料、基础工艺、电子信息和软件互联网等卡脖子问题，加快农业新技术新装备新设施的研发。针对农机行业存在的主要问题，通过实施主机产品创新、关键零部件发展、产品可靠性提升、公共服务平台建设、农机农艺融合五大专项，实现农机装备制造能力提升和促进现代农业发展的战略目标。

1. 主机产品创新专项

以发展高能效、高效率、低污染的“两高一低”农机产品为目标，以完善农机产品品种为重点，提高农机产品的信息感知、智能决策和精准作业能力。鼓励农机主机生产企业由单机制造为主向成套装备集成为主转变。研制新型高效拖拉机、播种移栽机械、高效能收获机械、种子加工与繁育机械、烘干机械、畜牧业机械、渔业机械、农产品初加工机械、山地丘陵农机、节水灌溉与水肥一体化装备等。

2. 关键零部件发展专项

加快关键零部件试验研究与生产制造过程质量监测检验系统等试验计量检测设施与设备的建设，为高水平、高精度、高质量零部件的研制与生产提供保障。开发生产新型农用柴油机、转向桥及其悬浮系统、农业机械专用传感器、农业机械导航及智能化控制作业装置、大型拖拉机智能作业电液控制单元、高性能传动带、静液压驱动装置等。

3. 产品可靠性提升专项

通过建立健全农机装备可靠性环境试验测试体系，加大试验验证技术的应用力度；加快建设零部件性能检测认证平台，逐步发展区域性综合农机检验检测认证机构，提高检测的有效性和便利性；以“互联网 +”技术为支撑，在农机行业推广先进的质量管理技术和方法，鼓励企业开展可靠性控制和监督活动，提高生产效率和产品质量，缩短生产周期；建设现代化农业装备智能工厂，有效提高产品的制造精度和稳定性。

4. 公共服务平台建设专项

鼓励地方创建有地区特色的省级农机制造业创新中心，在此基础上筹建农机领域国家级制造业创新中心，以研发设计、测试验证、中试孵化和行业服务为主要任务，结合行业发展的关键需求，推动“产学研用”

协同创新；完善农机产品质量标准体系，加快制（修）订农机产品技术标准，实现标准化、系列化和通用化开发生产，鼓励农机企业制定内控标准，用标准提升推动产业升级。

5. 农机农艺融合专项

针对作物品种、耕作制度、种植养殖等技术不适应农机作业要求，农机装备物化农艺不足、适用性不强以及种养标准化程度低等突出问题，强化需求引导，加强“产学研用”联合攻关、多学科一体化技术集成示范，建立完善农机化生产技术体系，引导促进农机装备、农业技术融合发展。提升农机农艺融合技术研发能力，加快融合型装备和技术研发应用，加强农机装备技术评价和创新引导。

（二）加快高端农机装备的生产研发和推广应用

尽管我国农机装备发展不断加快，但与发达国家相比，与农业生产的需求相比，高端农业装备研发制造还存在较大差距。各部门须充分发挥农机购置补贴等政策的引导作用，进一步加大农机新产品购置补贴试点力度，指导各省探索实施贴息贷款、融资租赁、信贷担保等金融扶持措施。同时，积极推进农机试验鉴定制度改革，提升农机新产品鉴定能力，支持和引导农机企业研发制造高效、节能和符合市场需求的高端农机装备，共同促进我国农机工业健康快速协调发展。

1. 持续优化补贴范围，适度提高补贴标准

以绿色生态为导向，加大对绿色增产技术应用所需的中高端、先进适用机具的购置补贴力度，率先实现全面敞开补贴。各省逐步将一些低

端、低值、需求量小和监管难度大的机具剔除出补贴范围。一般机具单机补贴额不超过5万元，大型、高性能及复式作业机具补贴标准予以提高。100马力以上拖拉机、高性能青饲料收获机、大型免耕播种机、大型联合收割机、水稻大型浸种催芽程控设备单机补贴额可达15万元；200马力以上拖拉机、大型甘蔗收获机、大型棉花采摘机单机补贴额分别可提高到25万元、40万元、60万元。

2. 开展农机新产品购置补贴试点

在2017年安排10个省份开展农机新产品购置补贴试点的基础上，进一步围绕农业供给侧结构性改革和绿色生态导向，统筹考虑我国农机产品创新现状与地方主导产业农机产品需求，选取具有先进性、适用性和安全性的农机具开展试点，加速新型农机产品推广应用。

3. 支持农机化科技创新

国家重点研发计划《智能农机装备》专项设置了大型拖拉机、谷物联合收获机、棉花收获机、甘蔗收获机等研创项目，已启动实施。工业和信息化部、农业部（现为农业农村部，下同）、国家发展改革委员会联合制定的《农机装备发展行动方案（2016—2025）》，明确主机产品创新、关键零部件发展、产品可靠性质量提升、公共服务平台建设、农机农艺融合五大专项，推进大型高端农机装备制造。农业部、国家发展改革委员会、财政部、工业和信息化部联合制定《推进广西甘蔗生产全程机械化行动方案（2017—2020年）》，加快解决甘蔗机械化收获瓶颈难题。

（三）加快主要作物生产全程机械化，提高农机装备的智能化水平

目前，我国农业机械多种产品产量已经跃居世界第一，成为名副其实的农业机械制造大国，但是我们整体的制造水平还不高，在农业机械领域还处于国际农机产业的中下游，特别是在智能农业机械方面，差距比较明显，智能化机具的种类很少，农业机械智能化程度比较低。

知识链接

主要作物生产全程机械化

定位九大作物种类：以水稻、玉米、小麦、马铃薯、棉花、油菜、花生、大豆、甘蔗等主要农作物为重点。

聚焦六个生产环节：以提高耕整地、种植、植保、收获、烘干、秸秆处理主要环节机械化水平为重点。

明确两个主攻方向：一是提升主要粮食作物生产全程机械化水平，重点是巩固提高深松整地、精量播种、水稻机械化育（插）秧、玉米机收、马铃薯机收、大豆机收等环节机械化作业水平，解决高效植保、烘干、秸秆处理等薄弱环节的机械应用难题；二是突破主要经济作物生产全程机械化瓶颈，重点是示范推广棉花机采、油菜机播和机收、花生机播和机收、甘蔗机种和机收等关键环节的农机化技术。

探索一系列全程机械化生产模式：根据我国主要农作物的优势产区、种植模式和全程机械化特点，确立推进各个主要农作物

生产全程机械化的主要内容，分作物、分区域建成一批率先基本实现生产全程机械化的示范区（县）。

1. 加快主要作物生产全程机械化

围绕转变农业发展方式的总要求，以提高主要农作物生产全程机械化水平为目标，以粮棉油糖主产区为重点区域，以耕整地、播种、植保、收获、烘干、秸秆处理为重点环节，以推广先进适用农机化技术及装备、培育壮大农机服务市场主体、探索全程机械化生产模式、改善农机化基础设施为重点内容，积极开展全程机械化示范区创建，努力构建上下联动、协调推进农业机械化的新机制，共同打造我国农业机械化发展的升级版。着力提升双季稻地区的水稻机械化种植、长江中下游地区的油菜机械化种植收获和马铃薯、花生、棉花主产区的机械化采收水平，加强绿色高效新机具新技术示范推广。

2. 加强现有智能化农业装备成果转化和示范推广

“十二五”实施的国家“863 计划”项目“智能化农机技术与装备”重大项目，目前已在秧苗高速栽插与精密播种技术研究、瓜菜田间生产智能化关键技术与装备研究、茶园智能化关键技术与装备开发等方面取得了许多研究成果。为使智能化农机技术与装备对农业现代化的发展确实起到支撑作用，应加快建立若干以智能化技术为引领的智能农机装备产业化示范基地，推进成果的转化与应用。

3. 进一步加大对智能化农机装备领域的支持力度

需要国家进一步加大扶持力度，按照《中国制造 2025》重点领域技术路线图中有关农业装备的发展要求，加快农业生产中急需而短缺的智能化农机装备研发，同时加大智能化农机装备补贴与推广力度，促进智能化农机装备研发与应用。

4. 加快构建智能化农机装备制造体系

未来几年我国农机装备工业将进入以智能化、自动化为标志的集约化发展与制造业转型升级阶段。由于智能化装备与传统装备在制造体系方面有着巨大差异，因此要充分利用农业机械被列为智能制造试点的有利时机，按照智能制造试点示范所包含的智能工厂、数字化车间、智能装备、智能新业态、智能化管理、智能化服务六个维度的要求来构建智能化农机装备制造体系，为智能化农机发展提供支撑与保障。

专家观点

与发达国家相比，中国高端农机研发制造还存在较大差距

《中国制造 2025》将农业装备领域作为十大重点发展领域之一，明确提出要重点发展粮、棉、油、糖等大宗粮食战略性经济作物育、耕、种、管、收、运、储等主要生产过程使用的先进农机装备，加快发展大型拖拉机及其复式作业机具、大型高效联合收割机等高端农业装备及关键核心零部件。在此背景下，近年来一批以振兴农机工业为己任的农机制造重点骨干企业，牢牢抓住

国家重农惠农强农的政策机遇，以创新驱动引领企业转型升级，着力增强高端农业装备产品供给能力，部分高端产品替代进口，打破了国外企业长期垄断的困局，为推动我国农机工业可持续发展奠定了坚实基础。

但由于目前国内高端农业装备的产业链尚不完善，市场销售处于导入期和成长期的过渡阶段，成本与售价较中低端产品价格依然偏高，加之农户收入不高、增收难度加大、现行购置补贴力度不够等问题，制约了用户购置高端农业装备的积极性，导致我国高端农业装备产品的推广应用难以达到预期，一定程度上影响了加快我国农业现代化建设的步伐。

应继续加大各类高端农业装备产品的宣传、推广力度，优化购置信贷业务，强化售后服务体系建设，同时发挥购置补贴政策的引导和促进作用，改进、完善农机购置补贴政策，建立长久有效的农机购置补贴机制，加大对高端农业装备产品的补贴力度。

——全国人大代表、原中国一拖董事长 赵剡水

四、提升农业信息化水平

信息化是农业现代化的制高点。“十三五”时期，大力发展农业农村信息化，是加快推进农业现代化、全面建成小康社会的迫切需要。《中华人民共和国国民经济和社会发展第十三个五年规划纲要》提出推进农业信息化建设，加强农业与信息技术融合，发展智慧农业；《国家信息化发

展战略纲要》提出培育互联网农业，建立健全智能化、网络化农业生产经营体系，提高农业生产全过程信息管理服务能力。

（一）加强信息技术与农业生产融合应用

生产信息化是农业农村信息化的短板，亟须加快补齐。加快物联网、大数据、空间信息、智能装备等现代信息技术与种植业（种业）、畜牧业、渔业、农产品加工业生产过程的全面深度融合和应用，构建信息技术装备配置标准化体系，提升农业生产精准化、智能化水平。

1. 突破大田种植业信息技术规模应用瓶颈

在大宗粮食和特色经济作物规模化生产区域，构建“天—地—人—机”一体化的大田物联网测控体系；大力推广智能化技术和装备；加强遥感技术应用；加快基于北斗系统作业的大中型农机物联网技术推广；加快建立种子生产、经营、流通可追溯体系等。

2. 推进设施农业信息技术深化应用

在设施农业领域大力推广温室环境监测、智能控制技术和装备，重点加快水肥一体化智能灌溉系统的普及应用；加强分品种温室作物生长知识模型、阈值数据和知识库系统的开发与应用；加强果蔬产品分级分选智能装备、花果菜采收机器人、嫁接机器人的研发示范，应用推广智能化的植物工厂种植模式。

3. 强化畜禽养殖业信息技术集成应用

以主要畜禽品种的规模化养殖场站为重点，加强养殖环境监控、畜禽体征监测、精准饲喂、废弃物自动处理、粪便和病死畜禽无害化处理设施等信息技术和装备的应用；加强二维码、射频识别等技术应用，构建畜禽全生命周期质量安全管控系统；加强动物疫病监测预警，提升重大动物疫病防控能力。

4. 推动渔业信息技术广泛应用

加快渔业物联网示范应用，在水产养殖重点区域推广应用信息技术和装备；加强陆基工厂、网箱、工程化池塘养殖的信息技术应用；开展深远海养殖平台的研发与应用；大力推广北斗导航技术在渔船监测调度和远洋捕捞中的应用；升级改造渔业通信基站和中国渔政管理指挥信息平台；完善全国海洋渔船渔港动态监控管理系统，保障渔业生产安全。

5. 引导农产品加工业信息技术普及应用

完善农产品产地初加工补助政策管理信息系统；探索建立初加工设施大数据平台；加强农产品产地储藏、加工情况监测；鼓励农产品加工企业推进信息化建设；加强自动化设备的研发应用；推广普及智能报警的安全生产风险控制系统；加快建立生产全过程的质量安全追溯体系。

（二）加快农业农村电子商务发展

加快发展农业农村电子商务，创新流通方式，打造新业态，培育新经济，重构农业农村经济产业链、供应链、价值链，促进农村一二三产业融合发展。

1. 统筹推进农业农村电子商务发展

注重提高农村消费水平与增加农民收入相结合，建立农产品、农村手工制品上行和消费品、农业生产资料下行双向流通格局，扩大农业农村电子商务应用范围。积极配合商务、扶贫等部门，加强政企合作，大力推进农产品特别是鲜活农产品电子商务，重点扶持贫困地区利用电子商务开展特色农业生产经营活动。鼓励发展农业生产资料电子商务，开展农业生产资料精准服务。创新休闲农业网上营销和交易模式，推动休闲农业成为农业农村经济发展新的增长点。加强农业展会在线展示、交易。

2. 破解农业农村电子商务发展瓶颈

加强产地预冷、集货、分拣、分级、质检、包装、仓储等基础设施建设，强化农产品电子商务基础支撑。以鲜活农产品为重点，加快建立农业农村电子商务标准体系。完善动植物疫病防控体系和安全监管体系，建立全国农产品质量安全监管追溯体系，提升信息化监管能力和水平。加强电子商务领域信息统计监测，推动建立企业与监管部门数据共享机制和标准。开展农产品、农业生产资料和休闲农业试点示范，探索一批可复制可推广的发展模式。

3. 大力培育农业农村电子商务市场主体

开展新型农业经营主体培训，鼓励建立电商大学等多种形式的培训机构，提升新型农业经营主体电子商务应用能力。发挥农业农村部门的牵线搭桥作用，组织开展电商产销对接活动，推动农产品上网销售。鼓励综合型电商企业拓展农业农村业务，扶持垂直型电商、县域电商等多种形式电商的发展壮大，支持电商企业开展农产品电商出口交易，促进优势农产品出口。大力推进农产品批发市场电子化交易和结算，鼓励新型农业经营主体应用信息管理系统等。

加快农业农村电子商务发展

（三）推动农业政务信息化提档升级

政务信息化是提升政府治理能力、建设服务型政府的重要抓手。加强农业政务信息化建设，深化农业农村大数据创新应用，全面提高科学决策、市场监管、政务服务水平。

1. 大力推进政务信息资源共享开放

完善政务信息资源标准体系；推动业务资源、互联网资源、空间地理信息、遥感影像数据等有效整合与共享，形成农业政务信息资源“一张图”；制定农业政务信息资源共享管理办法和数据共享开放目录，建设政务信息资源共享开放服务平台；推进部省农业数据中心云化升级；推动形成跨部门、跨区域农业政务信息资源共享共用格局；逐步实现农业农村历史资料数据化、数据采集自动化、数据使用智能化、数据共享便捷化。

2. 加快推动农业农村大数据发展

加强农业农村大数据建设，完善村、县相关数据采集、传输、共享基础设施，建立农业农村数据采集、运算、应用、服务体系，统筹国内国际农业数据资源，强化农业资源要素数据的集聚利用。加快完善农业数据监测、分析、发布、服务制度，建立健全农业数据标准体系，提升农业数据信息支撑宏观管理、引导市场、指导生产的能力。推进各地区、各行业、各领域涉农数据资源的开放共享，加强数据资源挖掘应用。

3. 强化农业政务重要信息系统深化应用

建设智能化、可视化政务综合管理（应急指挥）大厅，升级完善全国农业视频会议系统；加快研发运行移动办公系统；深化农业行业重要电子政务业务系统建设；建设高效、集约、统一的农业门户网站与新媒体平台、“三农”舆情监测和“三农”综合信息服务系统，提升对外宣传、舆论引导和政务服务能力。构建农业电子政务一体化运维管理体系，实现运维管理由被动向主动转变，确保安全稳定运行、持续可靠服务。

4. 加强网络安全保障能力建设

加快构建农业系统关键信息基础设施安全保障体系，完善网络和信息安全保障管理制度，建立信息安全通报机制；加强信息系统等级保护定级、测评和整改，强化重要信息系统和数据资源安全保护；实行数据资源分类分级管理；强化网络信息安全设备和安全产品配备，完善安全防护手段，建设信任服务、安全管理和运行监管等系统，科学布局灾备中心；增强网络安全防御能力，坚决防止重大网络安全事件的发生。

知识链接

农业农村信息化重点工程

围绕智慧农业建设，加快实施“互联网+”现代农业行动，支撑农业农村信息化主要任务顺利完成，实施以下重点工程。

1. 农业装备智能化工程

推动传统设施装备的智能化改造，提高大田种植、品种区域试验与种子生产、设施农业、畜禽、水产养殖设施和装备的智能化水平。

2. 农业物联网区域试验工程

中试和熟化一批农业物联网关键技术、智能装备和解决方案，推广一批节本增效农业物联网应用模式，开展农业物联网技术集成应用示范。

3. 农业电子商务示范工程

重点开展电子商务试点，加强设施设备建设，建立健全配套服务，形成一批可复制、可推广的农业电子商务模式，开展电子商务技能培训。

4. 全球农业数据调查分析系统建设工程

初步建成全球农业调查分析基础支撑平台；完善农业数据分析预警指标体系；完善农业对外合作公共信息服务平台。

5. 农业政务信息化深化工程

加快推进农业资源共享，构建全国统一的农业执法信息平台，构建统一的农业电子政务综合运维管理平台。

6. 信息进村入户工程

建设信息进村入户全国平台，完善各项服务系统和手机终端APP，统筹整合农业公益服务和农村社会化服务资源，开展农民手机应用技能培训。

7. 信息经济示范区建设工程

建立一批农业信息经济示范区；全面推进信息技术和系统的综合应用与集成示范；推进互联网特色村镇建设。

（四）推进农业农村信息服务便捷普及

加快建立新型农业信息综合服务体系，集聚各类信息服务资源，创新服务机制和方式，大力发展生产性和生活性信息服务，提升农村社会管理信息化水平，加快推进农业农村信息服务普及速度。

1. 全面推进信息进村入户

将信息进村入户打造成“互联网 +”在农村落地的示范工程；加快益农信息社“整省推进”建设速度，构建信息进村入户组织体系；强化制度规范建设，研究制定管理办法和标准体系，探索将其纳入地方党委政府绩效考核；建立政府补贴制度，研究出台政府购买服务政策，积极引导电信运营商、电商、IT 企业、金融机构等共同推进信息进村入户，健全市场化运营机制，推动组建信息进村入户全国和省级运营实体；突出公益性服务，协同推进经营性服务，不断完善以 12316 为核心的公益服务体系；上线运行移动终端应用系统，支持各省市区建设区域性数据平台；强化益农信息社的数据采集功能；加大涉农信息资源整合共享力度，协调推动各领域的信息化建设和应用。

2. 加强农民信息化应用能力建设

开展农业物联网、电子商务等信息化应用能力培训；加强新型职业农民培育的信息化建设；加快提升农业技能开发工作信息化水平；动员企业、行业协会等社会各界力量广泛参与，开展农民手机应用技能培训；组织农民手机使用技能竞赛，推介适合农民应用的 APP 和移动终端，为农民和新型农业经营主体构建支持生产、提升技能、学习交流的平台和工具；加强农技推广服务信息化，开展农技人员专业化培训，实现科研专家、农技人员、农民的互联互通，提升农技人员的业务素质，为农民提供精准、实时的指导服务。

3. 促进农业信息社会化服务体系建设

支持农业社会化服务组织信息化建设，支持市场主体发展生产性服务，并积极利用现代信息技术开展农业生产经营全程托管、农业植保、病虫害统防统治等服务；鼓励农民基于互联网开展创业创新，参与产业基础环节服务；利用“互联网 +”创新农业金融、保险产品，增强信贷、保险支农服务能力；推进农业信息服务业态发展，拓展农业信息服务领域；加强农业博物馆现有实体陈列和馆藏农业文物数字化展示。

典型案例

玛纳斯县：提高农机装备水平　推进农业现代化进程

在玛纳斯县六户地镇闯田地村的一片棉花地上空，一架植保无人机在操作人员的遥控下起飞、悬停、转动、穿梭……随着“嗡嗡”的轰鸣声，雾状的液体均匀地喷洒在棉花叶面上。两小时后，300余亩地的除虫药剂喷洒作业顺利完成。杜飞是该镇最早使用无人机进行植保的棉农，得益于无人机的高效精准作业，2018年他种植的1100余亩棉花只用了一天半就全部完成了除草和防虫药剂的喷洒。

使用植保无人机既能提高农药利用率、减少环境污染、避免作业人员长期暴露于农药喷洒中的危险，又能有效解决植保作业时间长、成本高等问题。据测算，其作业率是人工的40~60倍，开展植保航化作业能有效提高棉田病虫害防治组织化程度和防治效果，最大限度地减少病虫害带来的损失，保障农业生产安全。

玛纳斯县兰州湾镇王家庄村村民杨天会，是一个有着30多年种植马铃薯经验的老把式，多年的种植经历让他对全程机械化作业大加赞赏。他说，如今的机械化作业是当初想都不敢想的，马铃薯收获机前面杀秧后面出果，马铃薯就露在地表，一捡就行了，大大降低了收获成本，让农民减轻了不少负担。“以前种地全凭人工，人工铺膜得三个人，一个人滚膜，两个人用铁锨埋，还没有机械铺的严，还会漏风，而且埋的厚度不一样，又费人工和时间，一天干下来腰疼腿疼。”杨天会回忆说。机械化作业改变了人工种植和收获的落后生产方式，减轻了劳动强度，因此得到了广大马铃薯种植户们的普遍认可。

按照“巩固核心区、扩大示范区”的要求，2017年玛纳斯县完成农机化示范基地建设面积20万亩，示范区分布在全县8个示范乡镇的 33 个示范点，主要进行机械化底肥深施、农机联合作业整地、播前残膜机械化回收、卫星导航自动驾驶技术、无人机飞防等一系列农机化技术的示范性运用。通过示范区建设的示范引领，一大批先进适用农业机械及农业技术得以快速引进应用，以底肥深施、土地深松、联合作业整地等为代表的一系列农机化新的作业技术在玛纳斯县农业生产中得到了广泛应用。2017 年，全县农机新技术利用率达 95% 以上，全县 18.5 万亩玉米、75 万亩棉花及粮食等作物全部实现了机械化精少量播种，全县春播作物机械化精少量播种面积占到总播面积的 99% 以上。全县种植业机械化水平达 95.4%，综合机械化水平达 80.16%，并荣获全国第二批率先基本实现主要农作物生产全程机械化示范县荣誉称号。

玛纳斯县农机装备结构得到了显著改善，全县农机化水平有了明显提升。农机装备的不断更新，为全县农业持续快速健康发展提供强有力的装备技术支撑，加速了玛纳斯县推进农业现代化进程。

（来源：昌吉州政府网 2018 年 7 月 11 日）

（五）夯实农业农村信息化发展支撑基础

加强农业农村信息化发展基础设施建设，加大科技创新与应用基地建设力度，大力培育农业信息化企业，支撑农业农村信息化跨越发展。

1. 加强农业农村信息技术研发创新

完善农业农村信息化科研创新体系，壮大农业农村信息技术学科群建设，科学布局一批重点实验室，加快培育领军人才和创新团队，加强农业农村信息技术人才培养储备；提升农业农村信息化关键核心技术的原始创新、集成创新和引进消化吸收再创新能力，加快研发性能稳定、操作简单、价格低廉、维护方便的适用信息技术产品，逐步实现重点领域的自主、安全、可控；搭建农业科技资源共享服务平台，提高农业农村信息化资源的共享水平，实现跨区域、跨部门、跨学科协同创新；加快农业农村信息化技术标准体系建设，强化物联网、大数据、电子政务、信息服务等标准的制定修订工作，为深入推进农业农村信息技术应用奠定基础。

2. 培育壮大农业农村信息化产业

构建农业农村信息化产业联盟，推动科技创新与农业生产经营有效对接；积极探索农业农村信息化应用新机制、新模式，培育和壮大农业农村信息化产业；推动建立农业软件与农业电子产品质量检测机构，加强农业农村信息化软硬件产品市场监管；加大试点示范力度，强化全国农业农村信息化示范基地和农业农村信息经济示范区建设，发布适宜推广的农业农村信息技术和产品目录，引导信息技术在农业生产、经营、管理、服务等领域的应用创新。

3. 加强农业农村信息化基础设施建设

加强农业农村信息化装备建设，不断提升农田水利基础设施、畜禽水产工厂化等基础设施信息化水平，加快推进北斗系统在农业农村中的应用；推动智慧城市农业领域的试点示范，加强智慧农业生产、农产品冷链物流与电子商务、休闲农业等的信息化基础设施建设；推动“宽带中国”战略在农村深入实施，通过多种方式实现全覆盖，尽快落实农村地区网络降费政策，探索面向贫困户的网络资费优惠。

延伸阅读

1. 尹成杰:《实施乡村振兴战略 推进新时代农业农村现代化》，中国农业出版社 2018 年版。

2. 童禅福:《走进新时代的乡村振兴道路——中国“三农”调查》，人民出版社 2018 年版。

3. 罗丹、陈洁等:《新常态时期的粮食安全战略》，上海远东出版社 2016 年版。

深度思考

1. 如何向农户们解释永久基本农田以及怎样以最大程度避免农户非法占用永久基本农田?

2. 为实现主要作物生产的全程机械化，我们需要做哪些工作?

3. 如何充分利用现有的资源，以实施农业农村信息化重点工程?

第二章

加快农业转型升级：提高农业生产效益

按照建设现代化经济体系的要求，加快农业结构调整步伐，着力推动农业由增产导向转向提质导向，提高农业供给体系的整体质量和效率，加快实现由农业大国向农业强国转变。以满足市场需求为导向，以提高农业供给体系的质量效益为主攻方向，深入推进结构调整，优化生产力布局，不断提升产品质量和产业水平，使农业供需关系在更高水平上实现新的平衡。

一、优化农业生产力布局

以全国主体功能区划确定的农产品主产区为主体，立足各地农业资源禀赋和比较优势，构建优势区域布局和专业化生产格局，打造农业优化发展区和农业现代化先行区。东北地区重点提升粮食生产能力，依托“大粮仓”打造粮肉奶综合供应基地。华北地区着力稳定粮油和蔬菜、畜产品生产保障能力，发展节水型农业。长江中下游地区切实稳定粮油生产能力，优化水网地带生猪养殖布局，大力发展名优水产品生产。华南地区加快发展现代畜禽水产和特色园艺产品，发展具有出口优势的水产品养殖。西北、西南地区和北方农牧交错区加快调整产品结构，限制资源消耗大的产业规模，壮大区域特色产业。青海、西藏等生态脆弱区域坚持保护优先、限制开发，发展高原特色农牧业。

农业主体功能和空间布局是实现绿色发展的重要基础和前提。要优化农业主体功能和空间布局，构建科学适度有序的农业空间布局体系。应紧紧围绕统筹推进“五位一体”总体布局和协调推进“四个全面”战略布局，牢固树立和贯彻落实新发展理念，合理区分农业空间、城市空间、生态空间，进一步优化农业生产力区域布局，以资源环境承载力为基准，坚持山水林田湖草是一个生命共同体，规范农业发展空间秩序，推动形成与资源环境承载力相匹配、生产生活生态相协调的农业发展格局。

（一）优化农业空间与城镇空间布局

国土空间是宝贵资源，是人类赖以生存和发展的家园。在城乡统筹发展的大背景下，国土空间开发，既要满足人口增加、人民生活改善、工业化城镇化发展的需求，更要保障国家粮食安全和重要农产品有效供给。要坚持最严格的耕地保护制度，严格控制城市空间总面积的扩张，控制各类建设占用耕地，特别要保护好平原和城市周边的永久基本农田，促进城乡空间优化和统筹发展。坚决打赢脱贫攻坚战，破解城乡二元结构，努力实现生态环境保护、生产力布局优化、城镇居民安居乐业、经济社会可持续发展的城镇新格局。

深入实施主体功能区战略，一要根据市区及各县区的主体功能定位，细化区域空间功能布局，逐步形成科学合理、边界清晰的城镇空间、农业空间和生态空间；二要推进“多规合一”，完善空间规划体系，整合优化经济社会发展、土地利用、城乡建设、交通、海洋开发、生态环保、林业、水利等空间性规划；三要建立健全适应主体功能区建设的财政、投资、产业、土地、人口、环境、绩效评价等配套政策。

知识链接

区域空间功能布局

深入实施主体功能区战略，根据各市及县区的主体功能定位，细化区域空间功能布局，逐步形成科学合理、边界清晰的城镇空间、农业空间和生态空间。

城镇空间

城镇空间主要承担政治、经济、文化、人口、产业等中心功能，是产业发展、城镇建设和人口集聚的重要区域，重点是加快新型工业化和城镇化进程，推进产业和城镇布局，提高产业和人口集聚能力。

农业空间

农业空间主要承担农业生产的功能，是种植业、水产畜牧业主要生产基地，重点是保护耕地，增强粮食和农业综合生产能力，发展现代农业。

生态空间

生态空间主要承担生态建设和环境保护的功能，重点是以保护和修复生态环境、提供生态产品为主，发展资源环境可承载的生态产业和生态经济。

（二）促进农业空间与生态空间协调布局

生态空间是维护国家生态安全的基础和保障，应坚持保护优先。农业生产是自然再生产的过程，与绿色发展最具相融性。要充分认识农业的重要生态功能，积极发挥农业的生态、景观和间隔功能，大幅提升农业的生态效能。在农业生产中要扎牢绿色发展的生态功能保障基线，充分考虑对自然生态系统的影响，不能造成生态环境的不可逆转，促进生产生态协调发展。建立最为严格的生态保护制度，严守生态保护红线，对生态功能保障、环境质量安全和自然资源利用等方面提出更高的监管要求，从而促进人口资源环境相均衡、经济社会生态效益相统一，促进农业空间与生态空间协调分布。

生态红线观念一定要牢固树立起来，划定后全党全国就要一体遵行，决不能逾越。严格按照优化开发、重点开发、限制开发、禁止开发的主体功能定位，遵循生态保护红线由生态功能红线、环境质量红线和资源利用红线构成的基本思路，研究编制关于构建国家生态保护红线的指导意见，划定并严守生态红线。抓紧推进试点城市环境总体规划编制。研究提出城市之间最小生态安全距离，减少城镇化进程中的生态环境问题。

（三）坚持农业生产与自然条件相匹配

农业绿色发展要尊重自然、顺应自然、保护自然，将绿色导向贯穿于农业发展全过程，推行绿色生产方式，严禁侵占水面、湿地、林地、草地等生态空间的农业开发活动，构建田园生态系统。要遵循生态系统整体性、生物多样性规律，立足空间均衡和稳定，加快划定粮食生产功能区、重要农产品生产保护区，认定特色农产品优势区，明确区域生产功能，保障国家粮食安全和重要农产品有效供给。

贫困地区大多处于江河上游、湖库水系源头、农牧交错地带，生态地位极为重要，生态系统又十分脆弱。建立农业绿色开发机制，就是要统筹推进产业发展和生态保护，将贫困地区生态环境优势转化为产业优势、经济优势、后发优势。这既是当前治贫之举，也是长远固本之策，事关脱贫和发展的可持续性，事关国家生态安全。

要让绿水青山成为脱贫靠山，给扶贫产业插上腾飞翅膀。要将生态保护放在优先位置，科学编制农业产业发展规划，划定生态保护红线；发挥贫困地区比较优势，发展绿色产业、生态产业、循环产业，发展休闲农业和乡村旅游，推进一二三产业融合发展；抓住农业供给侧结构性改革的有利机遇，在贫困地区大力发展绿色、有机和地理标识优质绿色农产品，支持打造品牌，提升特色优势产业的核心竞争力，带动农民群众脱贫致富。

要按照自然资源利用上线的要求，立足各地水、土等资源现状，按照优化发展区、适度发展区、保护发展区的布局，引导农业发展向优势区聚集，减轻非优势区发展农业的压力，防止和解决空间布局上资源错配和供给错位的结构性矛盾，努力建立反映市场供求与资源稀缺程度的农业生产力布局。强化资源环境管控，建立农业产业准入负面清单制度，因地制宜制定禁止和限制发展产业名录，控制种养业发展规模和强度。

耕地是农业发展之基，水是农业生产之要。我国用世界 10% 的耕地和 6% 的淡水资源，养活了世界 20% 的人口。但长期的超强度开发利用，使得资源利用的弦绷得越来越紧，生态环境也亮起了“红灯”。对此，在资源保护与节约利用上，要建立耕地轮作休耕、节约高效农业用水等制度，健全农业生物资源保护与利用体系。

（四）促进农业生产力的可持续发展

1. 加强农业建设，增强农业可持续发展能力

牢固树立低碳、绿色发展理念，加快转变农业发展方式，促进农业增长由粗放型向集约型转变，着力提高农业发展质量。加强农业资源保护。继续实行最严格的耕地保护制度，加强耕地质量建设；科学保护和合理利用水资源，大力发展节水增效农业；加大水生生物资源养护力度，扩大增殖放流规模，强化水生生态修复和建设；加强畜禽遗传资源和农业野生植物资源保护，大力发展节约型农业。

2. 加强农业基础设施建设，提升农业综合生产能力

坚持把农业基础设施建设摆在更加突出的位置，按照统筹规划、整合资源、集中投入、连片推进的思路，围绕产业布局重点基地，配套完善农田水利、道路林网、农田林网等基础设施建设，提高农业水利化、设施化、机械化、信息化水平。全面加强农田水利建设，以灌区为单元，加强灌溉设施的更新改造及节水灌溉体系建设，恢复提高灌溉能力，提高节水灌溉率；以排涝泵站、涵闸为枢纽，重点实施港渠疏浚，完善骨干工程和田间二三级排涝体系；加强农村小型水利设施建设，逐步形成水源与干渠、支渠、斗渠、农渠相衔接的渠系网络，切实解决农田灌溉“最后一公里”的问题。加强基地路网建设，确保大型基地与区域主干道连通，合理布局基地路网和田间道路工程，形成通畅的路网结构。加快防护林网（带）建设，以田块为单元，科学布局。

3. 加强农业科技人才支撑，提高农业整体素质

深入实施科教兴农和人才强农战略，增强农业自主创新能力，壮大

农业人才队伍，推动农业转型发展、创新发展。实施农业科技创新工程，加强基础性、前沿性、公益性重大农业科学技术研究，强化技术集成配套，着力解决一批影响现代都市农业发展全局的重大科技问题，抢占农业科技制高点。大力发展农业职业教育，加快技能型人才培养，培育一批种养业能手、农机作业能手、科技带头人等新型职业农民。

4. 加强农业产业化规模化经营，提高农业组织化水平

创新农业经营体制机制，推进农业产业化经营跨越式发展，增强农业应对市场风险能力。深化农业结构战略性调整，继续调减传统低质低效作物，加快发展绿色蔬菜、优质畜禽、名特水产、特色林果等优势特色产业，实行差异化布局。创新农业经营模式，大力推广农村企业化、“龙头企业 + 专业合作社 + 基地 + 农户”“土地股份合作社”等农业经营发展模式，完善利益联结机制。

二、推进农业结构调整

加快发展粮经饲统筹、种养加一体、农牧渔结合的现代农业，促进农业结构不断优化升级。统筹调整种植业生产结构，稳定水稻、小麦生产，有序调减非优势区籽粒玉米，进一步扩大大豆生产规模，巩固主产区棉油糖胶生产，确保一定的自给水平。大力发展优质饲料牧草，合理利用退耕地、南方草山草坡和冬闲田拓展饲草发展空间。推进畜牧业区域布局调整，合理布局规模化养殖场，大力发展种养结合循环农业，促进养殖废弃物就近资源化利用。优化畜牧业生产结构，大力发展草食畜牧业，做大做强民族奶业。加强渔港经济区建设，推进渔港渔区振兴。

合理确定内陆水域养殖规模，发展集约化、工厂化水产养殖和深远海养殖，降低江河湖泊和近海渔业捕捞强度，规范有序发展远洋渔业。

（一）统筹调整种植业生产结构与转型升级

2016 年以来，农业部（现为农业农村部）紧紧围绕“提质增效转方式，稳粮增收可持续”的工作主线，聚焦重点，精准发力，扎实推进种植业结构调整和转型升级，开局之年实现好开头。

1. 加强顶层设计，注重规划引领

2016 年初，农业部（现为农业农村部）制定印发了《全国种植业结构调整规划（2016—2020 年）》，提出了 2016 年至 2020 年种植业结构调整的思路目标、重点任务、品种结构和区域布局，指导各地因地制宜推进种植结构调整，加快构建粮经饲统筹、农牧结合、种养加一体、一二三产业融合的农业发展格局。

加力做“减法”。针对当前玉米出现阶段性供过于求的情况，将玉米作为这一轮结构调整的重点，聚焦“镰刀弯”地区的玉米非优势产区，力争到 2020 年调减玉米面积 5000 万亩以上。

努力做“加法”。针对近年来国内大豆缺口逐年扩大的情况，制定并印发《关于促进大豆生产发展的指导意见》，大力发展优质食用大豆生产，力争到 2020 年大豆面积达到 1.4 亿亩，增加 4000 万亩。同时，发展有市场需求的杂粮杂豆、优质饲草等作物。

打好“组合拳”。实施米改豆，改变“一粮独大”局面；实施粮改饲，以养带种、以种促养。

2. 加强政策扶持，助力结构调整

农民种什么，主要看效益，有收益就愿意种。根据玉米与其他作物的种植效益差的现状，落实扶持政策，加强市场信息引导。配合有关部门落实玉米收储制度改革政策，实行“市场化收购 + 补贴”的新机制；落实大豆目标价格政策，科学采价、合理测算。会同财政部安排资金支持农业结构调整，开展耕地轮作休耕制度试点。

3. 加强指导服务，搞好示范引导

根据实际情况召开种植结构调整会议，动员部署对接任务。根据结构调整的需要，组织专家分区域、分作物制定种植业结构调整技术意见。派出由司局级干部带队的工作组赴结构调整重点地区开展工作督导和技术指导。选择生产基础好、产业带动能力强的重点县市，开展整建制绿色高产高效创建，率先推广应用结构调整关键技术。

4. 聚焦重点发力，调整产业结构

根据现在粮食供求现状和可持续发展要求，扎实推进种植业结构调整。按照《全国种植业结构调整规划（2016—2020 年）》，努力构建粮经饲统筹、农牧结合、种养加一体、一二三产业融合发展的格局。2016 年结构调整的重点品种是玉米，区域是“镰刀弯”等非优势区，重点是调减籽粒玉米，扩种市场需求大的大豆、马铃薯、青贮玉米和优质饲草等作物。2016 年非优势区玉米面积调减 3000 万亩，超过年初 1000 万亩的预期。

5. 着眼提质增效，增强产业竞争力

推动棉油糖提质增效和果菜茶绿色发展。优化生产布局，引导经济作物适区适种。推进标准化生产，组装推广一批区域性、标准化、高产高效、可持续技术模式，整建制开展园艺作物标准园创建和棉油糖绿色高产高效创建，扩大示范效应。继续在果菜茶重点产区开展高毒农药定点经营和低毒生物农药示范试点，保障鲜活农产品质量安全。

6. 坚持生态为重，让绿色发展稳步推进

深入实施到2020年化肥、农药使用量零增长行动，选择200个县开展化肥减量增效试点，示范带动科学施肥技术和新型肥料的推广应用，建设600个统防统治与绿色防控融合示范片，大规模开展统防统治和绿色防控。扎实抓好地下水超采综合治理试点，集成节水技术，推广水肥一体化技术，提高水资源利用率。印发《探索实行耕地轮作休耕制度试点方案》，在东北冷凉区、北方农牧交错区开展轮作试点，在地下水漏斗区、重金属严重污染区和生态严重退化地区开展休耕试点，使耕地得到休养生息。

统筹调整种植业生产结构与转型升级

（二）大力发展新产业——草业

长期以来，牧草作为一种间接产品，一直是作为畜牧业的附属，没有发挥其应有的功能。到了近代，受工业革命的惠及，开始在西方发达国家出现了加工的草产品，并进入市场销售，与传统的牧草种植业和新兴的环境绿化相耦合，于是具有相对独立功能的草产业开始从传统畜牧业中分离出来。在党的十一届三中全会上，为了加速畜牧业的发展，第一次提出了新的产业——草业，即把发展饲料与发展农业、畜牧业与其他的产业摆在同一个位置上相提并论。草业是一种知识密集型产业，至少包括生产、加工、销售，甚至消费等方面。

1. 依靠高新技术，加大对牧草和饲料作物研发的支撑力度

加强对牧草与饲料作物生长发育规律、产量形成与环境控制技术的研究，合理安排种植结构，做到布局合理化、种植区域化、管理规范化，逐步建立起高产、优质、低耗的综合栽培技术体系，要利用现代化的电子信息技术，建立牧草与饲料作物栽培专家系统和自动化管理系统，采用精密播种，适时适量施肥、浇水、喷药，准确收割等精准农业技术，提高牧草与饲料作物产量，降低生产成本，实现高产、优质、高效。积极开展国际合作和交流，引进国外优良牧草与饲料作物品种、先进生产技术、先进种植收割技术、先进加工机械设备和先进管理经验，经消化吸收，为我所用，促进我国牧草与饲料作物向规模化、集约化、商品化方向发展，逐步与国际接轨。

2. 健全社会化服务体系，实现产、加、销一体化

第一，健全社会化服务机构坚持强化县级、健全乡级、完善村级的原则，健全和完善层次性服务网络，市、县、乡、村要形成上下相通，左右相连的一套服务体系和网络。

第二，指导信息服务体系依托农业信息网络，通过各种方式，对牧草与饲料作物所需良种、化肥、农药、病虫害预测预报等准确地提供给生产者，以便有目的地安排生产，减少盲目性。

第三，要强化科技服务体系建设，加大科技推广力度。在服务体系建设中，要重点加强基层服务体系建设，乡一级技术服务站要逐步建立试验示范基地、培训基地，实行科研、生产、培训和技术推广相结合的综合性、全方位的指导和服务。

（三）推进畜牧业区域布局调整，优化畜牧业生产结构

牢固树立“创新、协调、绿色、开放、共享”发展理念。根据我国资源条件和环境承载能力，严格按照禁限养区划定标准，有保有压，因地制宜确定养殖区域和养殖种类，积极推进全国农牧结合发展，实现畜牧业发展与生态环境保护良性循环。

1. 调整产业布局

根据我国水环境保护要求和土地承载能力，科学确定各区域适宜养殖规模，应减则减，宜调则调，协调发展畜牧业。统筹考虑全国经济社会发展规划，畜禽产品供给安全和环境承载等因素，调整优化养殖结构。根据土地利用整体规划，规范畜禽养殖设施用地行为。

2. 优化产业结构

遵循“种养结合、畜地平衡”原则，优化养殖品种结构，逐步打造和提升优质禽、优质山羊、生猪等畜禽养殖产业。

3. 优化畜禽养殖方式

推广种养结合、生态平衡的循环农业利用发展模式。根据资源特征，推进养殖业与种植业合理配套，在全国规模化畜禽养殖场推广生态健康养殖新技术、新模式。

知识链接

农业生产结构

农业生产结构是一定地域（或农业企业）范围农业内部各生产部门的组成及其相互关系。农业生产结构，通常是用农业总产值或农业净产值中各业所占比重来表示，也可以从投入方面用农林牧副渔各业所占用的劳动力或资金的比重来说明。农林牧副渔五业内部生产结构是指各业内部的比例关系。种植业是整个农业生产中最大、最重要的生产部门，其生产结构是指各种农作物生产的比例关系，其中主要是指粮食作物和经济作物的比例关系。种植业生产结构主要是用每种、各类作物播种面积占农作物总播种面积的比重来表示的。

按农业中各生产部门或各生产种类划分的农业生产结构，可以有不同层次。

中国的划分是：第一层次是种植业、林业、畜牧业、渔业等各生产部门在农业中所占的比重及其相互关系。第二层次是种植业、畜牧业、林业、渔业等各生产部门内部按生产种类划分的各种生产所占的比重及其相互关系。例如，种植业内部可分为粮、棉、油、麻、烟、糖、蚕、茶、果、蔬菜、药材等各种生产，它们在种植业中所占的比重及其相互关系，就是种植业的生产结构。

有的还可以进一步做第三层次的划分，例如，粮食中又可分为水稻、小麦、玉米等在粮食中所占的比重及其相互关系。在不同国家，农业生产结构的各生产部门划分、各生产种类的划分都不完全相同。

专家观点

农业结构调整

农业结构调整的总体思路是，立足当前、着眼长远，以市场需求为导向，以深化农村改革为新动力，以绿色发展、提质增效、探索机制为方向，调整优化农业结构，推进体制机制创新，统筹稳产能、保供给、保收入、保生态，不断提高农业发展的质量效益和竞争力。

种植业结构调整：科学引导非优势产区调减玉米。引导各地按照科学的、生态的和可持续的要求，按照功能区的布局，进行科学调整。总体考虑是，保口粮，保谷物，稳定棉花、食用植物油、食糖的自给水平，同时要保障蔬菜的均衡生产供应。

畜牧业结构调整：优化生猪布局，发展草食畜牧业。推进畜牧业结构性调整，生猪布局优化和发展草食畜牧业是重点。要优化调整区域布局；加快发展标准化规模养殖；推进废弃物综合利用和病死猪无害化处理，以生猪养殖大县为重点，启动畜牧业绿色发展示范县创建活动，发展生态循环养殖。

渔业结构调整：推广健康养殖，开展清洁生产。以提质增效、减量增收、绿色发展、富裕渔民为目标，着力转变养殖方式、经营方式、管理方式和资源利用方式，调优区域布局、产品结构、产业结构和要素配置，促进渔业转型升级。

——农业农村部副部长 余欣荣

三、壮大特色优势产业

壮大提升特色优势农业产业，是促进农民致富增收的有效途径。壮大提升特色优势农业产业，一是实现科学发展、转型跨越、民族团结发展新目标的有效途径，有利于大幅度提高农村地区的自我发展能力；二是能有效推动农民收入大提升、农业经济大发展和农村社会大繁荣；三是对于推动全国经济社会发展、加快实现转型跨越战略目标至关重要。

以各地资源禀赋和独特的历史文化为基础，有序开发优势特色资源，做大做强优势特色产业。创建特色鲜明、优势集聚、市场竞争力强的特色农产品优势区，支持特色农产品优势区建设标准化生产基地、加工基地、仓储物流基地，完善科技支撑体系、品牌与市场营销体系、质量控制体系，建立利益联结紧密的建设运行机制，形成特色农业产业集群。

按照与国际标准接轨的目标，支持建立生产精细化管理与产品品质控制体系，采用国际通行的良好农业规范，塑造现代顶级农产品品牌。实施产业兴村强县行动，培育农业产业强镇，打造一乡一业、一村一品的发展格局。

（一）以高质量发展为核心培育壮大特色优势产业

培育壮大特色优势产业，高质量发展是关键，是推动发展的核心。任何发展都必须因地制宜、高质量发展，培育壮大特色优势产业更应如此，只有根据各地的实际情况、分析自身发展的优势劣势、找到适合自己的产业发展之路，才能培育壮大特色优势产业。而在发展过程中，必须坚持高质量发展。

特色优势产业，特色是基础，是产业发展的根基；优势是根本，是产业发展的目标。一个产业既有特色，又形成了优势，才能成为一个好的产业，才能真正助力经济、造福一方。挖掘特色不是目的，只是为形成优势奠定基础，只有高质量发展，才能最终做优做大产业。一旦脱离了高质量发展，再有特色的产业，也会逐渐丧失优势。

知识链接

资源禀赋

资源禀赋，又称要素禀赋，指一国拥有各种生产要素，包括劳动力、资本、土地、技术、管理等方面。俄林早期师承瑞典著名经济学家赫克歇尔而深受启发，故他的要素禀赋说也被称为赫－

俄模式。该模式是现代国际贸易理论的新开端，与李嘉图的比较成本说模式并列为国际贸易理论的两大基本模式。

一国要素禀赋中某种要素供给所占比例大于别国同种要素的供给比例而价格相对低于别国同种要素的价格，则该国的这种要素相对丰裕；反之，如果在一国的生产要素禀赋中某种要素供给所占比例小于别国同种要素的供给比例而价格相对高于别国同种要素的价格，则该国的这种要素相对稀缺。

高质量发展需要有清晰的发展思路、科学的发展措施。“一产上水平、二产抓重点、三产大发展”为高质量发展特色优势产业确立了方向。各地在发展中都应牢牢遵循这一原则，牢牢坚持一产上水平、推动农业提质增效，大力推进农业产业化经营，发展农副产品精深加工；牢牢坚持二产抓重点、推动工业转型升级，加快改造提升传统产业，着力发展新兴产业；牢牢坚持三产大发展、推动服务业做大做优，突出发展旅游业，加快发展商贸物流业，着力培育消费新增长点。

要紧紧围绕高质量发展，加大调整结构、转变方式力度，着力培育壮大特色优势产业，就能构建起具有中国特色的现代产业体系，为实现总目标作出更大贡献。

（二）加快县域经济发展，培育壮大优势特色产业

1. 加快发展特色产业，培育壮大县域经济实力

培育壮大县域经济，最核心的问题就是如何精准选择县域产业。在主导产业培育集聚上，各县区要发挥区域比较优势，加快区域布局调整，

依据各自的区位、自然和资源条件，围绕提高农业产业化发展水平，培育壮大工业产业集群，培育发展现代服务业，以及三次产业融合发展方面，每个县区集中形成1~2个支柱产业或产业集群，集聚生产要素，加大投入力度，实行重点开发，培育特色经济，打造特色产业和品牌产品，把具有明显优势产业和产品做大做强。

2. 加快基础设施建设，提升县域发展保障水平

推进重大交通项目建设，着力实施交通提升行动，以畅通对外联络和物流运输通道为重点，推进市区至县城二级以上公路连通，加快具有通县功能的高速公路建设，提级改造普通国省干线公路，提升农村路网保障通行能力。加快重要节点县铁路站场集散功能建设，大力发展通用航空。提升城乡基础设施保障能力，加快城镇道路、供水供暖、电力燃气、垃圾污水处理、公共交通场站等基础设施建设，大力推进城镇棚户区和城中村改造。持续实施水利保障行动，加快灌区续建配套与节水改造、泵站更新改造等工程建设，增强农业水利保障能力。

3. 加快城乡融合发展，促进县域经济协调发展

提升基本公共服务水平，推进义务教育均衡化发展，加快城乡义务教育公办学校标准化建设，实现县域城乡义务教育一体化改革发展。加快完善覆盖城乡、制度健全、管理规范的社会保障体系，逐步提高低保对象补助水平，健全城乡社会救助体系。加强县级医院建设，促进医疗资源向基层、农村流动，提升县乡医疗服务能力和水平。大力实施乡村振兴战略，以“产业兴旺、生态宜居、乡风文明、治理有效、生活富裕”为总要求，加快乡村现代化建设步伐。大力推进农村人居环境改善行动，

整合各类涉农资金，统筹推进乡村田、水、路、林、村等生产生活要素建设，改善乡村基础设施条件和风貌环境。持续加强生态环境保护修复治理，加快生态文明建设，增强县域经济可持续发展能力。

专家观点

做大做强地方优势特色产业

我国幅员辽阔，物产丰富，各个地区都有一批具有独特品质、特殊品种、特定区域的特色农产品，并有着一定的生产规模。

为了进一步优化特色农产品生产布局，做大做强优势特色农业产业，今后我国将大力推进特色农产品优势区建设，集中力量打造一批特色农产品生产优势区和产业发展聚集区。

在区内还将形成以特色农产品生产、加工、流通、销售产业链为基础，集科技创新、休闲观光、配套农资生产和制造融合发展的特色农业产业集群，打造一批“中国第一、世界有名”的特色农产品优势区。培育特色品牌，增强绿色优质中高端特色农产品供给能力，丰富和满足城乡居民的餐桌，促进特色农产品出口，持续带动区域经济增长和农民增收。

与此同时，还将推动形成国家级、省级两级特优区体系，基本覆盖全国特色农产品主产区，以此为核心引领带动整个特色优势产业做大做强，逐步打造世界闻名的特色农业产业带，推动农业供给侧结构调整和农民增收。

——山东省委书记 刘家义

（三）夯实发展基础，着力强化现代农业支撑体系

1. 强化政策支撑

强化关于壮大特色产业的政策支撑，认真落实各项特色农业产业的政策，计划整合资金，协调金融机构提供基准利率贷款，发放妇女小额担保贷款。集中流转土地，扶持发展联户经营、专业大户和家庭农场。

2. 强化生态支撑

把加快特色开发区建设作为推进生态文明建设、培育特色优势产业的重要举措和惠民工程，巩固提高示范村成果，积极推进“三农”综合试验示范乡镇和新一轮美丽乡村建设，深入实施防护林、重点公益林保护、湿地修复与治理等生态治理工程。

3. 强化基础设施支撑

大力实施农村“一事一议”财政奖补项目，不断加快农村公益事业发展。扎实推进高标准农田建设示范工程、小型农田水利重点县等农业及生态建设项目，全力抓好重大项目前期工作。认真实施农村饮水安全工程，基本解决村民的饮水安全问题，为壮大特色优势农业打下坚实的基础。

4. 强化科技支撑

确定行政村开展新型农业社会化服务体系建设试点工作，着力构建特色优势的农业社会化服务体系。采取聘请知名专家、选聘专职农民技术员等有效方式，推广先进实用技术，良种良法配套，不断提升农业科

技含量，创新农民职业教育和技能培训机制，使特色优势农业可以顺利进行。

5. 强化园区支撑

围绕特色优势产业，大力发展辐射带动能力强的农业产业化龙头企业。鼓励农业产业化龙头企业、农民专业合作社、能人大户新建现代农业示范园和“农民创业园”。县财政可以提供贴息贷款，用于支持农产品流通贩运和冷链设施建设，进一步提高农产品附加值和市场竞争力，让特色优势产业成为一个产业链。

典型案例

台湾清境农场：田园综合体 + 农业特色小镇

休闲农业的发展促进了台湾农业的成功转型，甚至可以说发挥了至关重要的作用。“三产”融合促进了台湾农业旅游经济的发展。目前台湾的休闲农业已经走红国际市场，中国香港、新加坡、马来西亚、中国大陆等地的游客不断增多。

清境农场是台湾休闲农业的经典项目之一，创建于 1961 年，位于台湾南投县仁爱乡，临近合欢山，面积 700 公顷，海拔 1748 米，有“雾上桃源”的美名，是台湾最优质的高山度假胜地。清境乡村农场利用优质的草场和山地景观资源，打造特色农场和风情民宿，吸引游客远离城市，体验独特的山地田园风光。清境乡村花园——来自世界各地的花花草草所交织成的百花风貌，让人仿佛置身于欧洲世界，清境农场也因此而有“小瑞士”之美名。登高远眺清境云雾，山岚徐徐弥漫，如梦如幻，“小瑞士花园”又有了“雾上桃源”这一美称。

清境农场整体规划如下：

线：车行路、六大步道意境深远

清境六大步道最能让人深刻感受清境真实面貌。坐落在青青草原四周的六大步道：大片的茶园，碧绿青翠就像是湖泊般的“翠湖步道”；近距离接触羊群牛群是农场畜牧中心“畜牧步道”；柳杉群林，寻幽静谧，享受森林浴最佳去处的是“柳杉步道”；最佳观落日美景的“落日步道”；拾阶而上的“步步高升步道”；最具人气指数遍布白色法国菊玛格丽特，十分具有欧洲风情的“玛格丽特步道”。一路由北到南相互连接的步道群，是踏青、健行、赏景的连接网脉。

点：游客中心、休闲中心、特色民宿相辅相成

清境农场著名的民宿区，建筑各有特色，感觉仿佛漫步在欧洲，加上新兴景点摆夷文化风情观览、云端上喝咖啡、高山上听民歌、游 PUB 等，清境农场创造出了大量的奇观、风景和主题，吸引众人前往。

清境民宿通过策略联盟经营的方式，成立了清境观光发展促进会，共同进行营销活动推广，在对外事务的利益争取、地区发展的规范、地区的资源分配与协调等方面取得了很大的进展，进一步推动了当地乡村民宿的健康发展。

面：草场、牧场、花园、茶园浑然一体

将景区节点离散化，在草场、牧场、花园和茶园等各个片区打造不同主题的景观和休闲娱乐活动。

在这片偌大的仙境之中，最受欢迎的景点莫过于清境农场的青青草原的招牌“羊咩咩脱衣秀”。绵延不尽的草地上有着成群的牛羊不时穿梭其中，徜徉其中不但可近距离地接触到牛羊，还能欣赏到可爱的“绵羊秀”。

清境农场成功经验在于：

第一，依托先天山地草场资源禀赋，打造独特的城郊休闲农场风光，而非传统景区大规模开发植入。

第二，建立了完善的功能体系，依山就势，分散景点布局，通过交通串联景区各个节点，形成“线、点、面”彼此联动的内部格局。

第三，将创意文化植入关联活动中。少数民族文化的植入，融入各种主题活动中，成为大众游客的核心吸引力之一。

第四，创新盈利模式，统一经营管理。核心设施全部自持运营，少量民宿和商业本地村民自营，有利于统一管理和服务的提高。

（来源：“全球产业小镇”微信公众号 2017 年 12 月 7 日）

延伸阅读

1. 费孝通：《江村经济》，北京大学出版社 2016 年版。

2. 费孝通：《乡土中国》，上海人民出版社 2013 年版。

3.〔美〕西奥多 · W. 舒尔茨：《改造传统农业》，商务印书馆 1987 年版。

深度思考

1. 现在，中国特色社会主义进入了新时代，在这种大背景下，加快农业转型升级有什么重要意义？

2. 为什么说“三农”问题不仅仅是经济问题，而且更重要的是社会问题和政治问题？

3. “一带一路”是我国立足于世界经济现状提出的重大发展倡议，在“一带一路”的背景下，中国农业的机会与出路有哪些？

第三章

提高农产品质量安全：提升农业的全球竞争力

近年来，各级农业农村部门全力推进农产品质量安全监管工作，取得了积极进展和成效，农产品质量安全保持总体平稳、逐步向好的态势。但是由于现阶段农业生产经营仍较分散，农业标准化生产比例低，农产品质量安全监管工作基础薄弱，风险隐患和突发问题时有发生，确保农产品质量和食品安全的任务十分艰巨。在新一轮国务院机构改革和职能调整中，强化了农业农村部门农产品质量安全监管职责，农产品质量安全监管链条进一步延长，任务更重、责任更大。

各级农业农村部门要把农产品质量安全工作摆在更加突出的位置，坚持严格执法监管和推进标准化生产两手抓、“产”出来和“管”出来两手硬，用最严谨的标准、最严格的监管、最严厉的处罚、最严肃的问责，落实监管职责，强化全程监管，确保不发生重大农产品质量安全事件，切实维护人民群众“舌尖上的安全”。

一、保障农产品质量安全

2018 年 11 月 19 日，农业农村部部长韩长赋主持召开部常务会议，传达国务院食品安全委员会第一次全体会议精神，审议并原则通过《国家质量兴农战略规划（2018—2022 年）》，研究部署农产品质量安全工作。会议强调，党的十八大以来，习近平总书记对质量兴农和农产品质量安全工作做出了一系列重要指示。各级农业农村部门要充分认识质量兴农和农产品质量安全工作的极端重要性，牢固树立质量兴农意识，提高政治站位，强化责任担当，主动入位，积极作为，从严抓好农产品质量安全工作，加快形成质量兴农工作合力，把农产品质量安全工作抓实抓好、抓出成效。

（一）进一步完善农产品质量相关体系

实施食品安全战略，加快完善农产品质量和食品安全标准、监管体系，加快建立农产品质量分级及产地准出、市场准入制度。

1. 完善农产品质量安全标准体系

实施《加快完善农兽药残留标准体系行动方案》，加快制定农兽药残留、畜禽屠宰、饲料安全、农业转基因、林产品等国家标准，完善促进农业产业发展和依法行政的行业标准，基本实现农产品生产有标可依、产品有标可检、执法有标可判。支持地方加强标准集成转化，制定与国家标准、行业标准相配套的生产操作规程，让农民易学、易懂、易操作。鼓励规模生产主体制定质量安全内控制度，实施严于食品安全国家标准的企业标准。积极参与或主导制定国际食品法典等国际标准，开展技术性贸易措施官方评议，加快推进农产品质量安全标准和认证标识国际互认。

2. 完善农产品质量安全监管体系

加快地县两级农业农村部门建立专门农产品质量安全监管机构的速

度，依法全面落实农产品质量安全监管责任。依托农业综合执法、动物卫生监督、渔政管理和“三品一标”队伍，强化农产品质量安全执法监督和查处。对乡镇农产品质量安全监管服务机构，要进一步明确职能，充实人员，尽快把工作全面开展起来。按照国务院部署，大力开展农产品质量安全监管示范县（市）创建，探索有效的区域监管模式，树立示范样板，全方位落实监管职责和任务。

3. 完善农产品质量分级及产地准出、市场准入制度

根据《中华人民共和国食品安全法》《中华人民共和国农产品质量安全法》等法律法规和文件规定，明确产地准出和市场准入的实施范围，在原有的基础上进一步完善和明悉产地蔬菜、食用菌、果品、水产品、畜禽及畜禽产品等食用农产品准出条件以及市场准入条件。因地制宜建立农产品产地安全证明制度，加强畜禽产地检疫，督促农产品生产经营者加强生产标准化管理和关键点控制。通过无公害农产品产地认定、“三品一标”产品认证登记、生产自查、委托检验等措施，把好产地准出质量安全关。加强对产地准出工作的指导服务和验证抽检，做好与市场准入的有效衔接，实现农产品合格上市和顺畅流通。

（二）建立健全农产品质量安全风险评估、监测预警和应急处置机制

1. 强化农产品质量安全风险评估

大力推进农产品质量安全风险评估，将“菜篮子”和大宗粮油作物产品全部纳入评估范围，切实摸清危害因子种类、范围和危害程度，跟

进实施科学研究和技术攻关，提出各类农产品全程管控的关键点及技术规范和标准制修订建议。

推动建立农产品质量安全风险评估机构，提升专业性和区域性风险评估实验室评估能力，各地结合产业实际，逐个对品种开展风险隐患摸底排查，有针对性地采取管控措施，推动风险评估服务于产业发展和执法监管。

依托农产品主产区（基地、企业、合作社、家庭农场、种养大户），规划设定一批农产品质量安全风险评估观测点，动态观测农产品质量安全风险隐患消长变化情况及趋势。全面开展农产品营养功能和品质规格评价，为优势农产品区域布局和绿色优质农产品品牌创建提供技术支撑，指导优质农产品品牌化发展，引导居民科学膳食和健康消费。

知识链接

确保人民群众“舌尖上的安全”

食品药品安全关系每个人身体健康和生命安全。要用最严谨的标准、最严格的监管、最严厉的处罚、最严肃的问责，确保人民群众“舌尖上的安全”。要加快相关安全标准制定，加快建立科学完善的食品药品安全治理体系，努力实现食品药品质量安全稳定可控、保障水平明显提升。要坚持产管并重，加快建立健全覆盖生产加工到流通消费的全程监管制度，加快检验检测技术装备和信息化建设，严把从农田到餐桌、从实验室到医院的每一道防线，着力防范系统性、区域性风险。要着力解决违规使用高剧毒农药、滥用抗生素和激素类药物、非法使用“瘦肉精”和孔雀石绿等添加物，重点打击农村、城乡接合部、学校周边销售违禁超限、假冒伪劣食品药品，一项一项整治，务求取得实际效果。

——习近平：《在十八届中央政治局第二十三次集体学习时的讲话》（2015 年 5 月 29 日）

2. 强化检验监测预警

细化各级农业农村部门在农产品检验监测方面的职能分工，倡导部省以风险监测为主，省地以监督抽查为主，县乡以速测筛查为主，避免上下一般粗、监测指标重叠、监测对象重复；依法推进政府购买第三方检测服务；在全国统一的农产品质量安全监测计划下，形成以国家为龙头、省为骨干、地市为基础、县乡为补充的农产品质量安全监测网络。

不断扩大例行监测的品种和范围，加强监测结果的会商分析，建立监测信息报告制度，逐步实现全国农产品质量安全监测信息互联互通、监测数据统一共享、监测结果互认共用，确保农产品质量安全得到有效控制。强化农产品质量安全监督抽查，突出对生产基地（企业、合作社）及收储运环节的执法检查和产品抽检，加强检打联动，对监督抽检不合格的农产品，依托农业综合执法机构及时依法查处，做到抽检一个产品、规范一个企业。建立监督抽查发现问题、查处问题的激励机制。

3. 强化应急处置

完善各级农产品质量安全突发事件应急预案，落实应急处置职责任务，建立快速反应、信息通畅、上下协同、跨区联动的应急机制，提高应急处置能力。制定农产品质量安全舆情信息处置预案，强化预测预警，构建舆情动态监测、分析研判、信息通报和跟踪评价机制，及时化解和妥善处置各类农产品质量安全舆情，严防负面信息扩散蔓延和不实信息恶意炒作。着力提升快速应对突发事件的水平，做到第一时间掌握情况，第一时间采取措施，依法、科学、有效进行处置，最大限度地将各种负面影响降到最低程度，保护消费安全，促进产业健康发展，强化指挥调度能力建设，经常性开展演练和培训，切实提升全系统应急保障水平。

高度重视并妥善应对农产品质量安全虚假信息和谣言传言，及时进行科普辟谣，研究建立健全谣言治理机制。针对公众关注的热点敏感问题，积极利用微信、网络、电台、报纸、图书等形式，开展常态化多样化的风险交流和科普宣传，提升公众质量安全意识和科学识别判断能力。加强农产品质量安全专家组建设，组织开展政策咨询、产地调研、技术指导、科普解读等工作，将专家组打造成监管工作的重要智囊和“外脑”。建立稳定有效的风险交流机制，畅通政府、企业、公众、媒体和专家之间的风险交流渠道。

（三）完善农产品质量安全监管追溯系统

我国农业生产主体多、链条长，农产品质量安全监管必须围绕薄弱环节、重点领域，出重拳、求突破，切实把安全管起来。要严格对投入品使用监管，推进农药追溯体系建设。

1. 推进平台建设

实施农产品质量安全追溯管理信息平台建设项目，完善追溯管理核心功能。按照“互联网＋农产品质量安全”理念，拓宽追溯信息平台应用，扩充监测、执法、舆情、应急、标准、诚信体系和投入品监管等业务模块，建设高度开放、覆盖全部区域、共享共用、通查通识的智能化监管服务信息平台。率先将国家级和省级龙头企业、“三品一标”获证企业以及农业农村部门支持建设的示范基地纳入，鼓励有条件的省尽快和国家平台互联互通。

2. 出台农产品质量安全追溯管理办法

建立统一的编码标识、信息采集、平台运行、数据格式、接口规范等关键技术标准和主体管理、追溯赋码、索证索票等追溯管理制度。组织部分基础条件好的省市开展追溯信息平台试运行工作。优先将国家级和省级龙头企业以及农业农村部门支持建设的各类示范基地纳入追溯管理。推动各地、各行业已建的追溯平台与国家追溯信息平台实现对接，实现追溯体系上下贯通、数据融合。

鼓励农产品生产企业、农民专业合作社、家庭农场、种养大户等规模化生产，尤其是对生产苹果、茶叶、生猪、生鲜乳、大菱鲆等农产品的经营主体统一开展追溯试点，带动追溯工作全面展开，实现农产品源头可追溯、流向可跟踪、信息可查询、责任可追究。开展追溯试点，抓紧依托农业产业化龙头企业和农民专业合作社启动创建一批追溯示范基地（企业、合作社）和产品，以点带面，逐步实现农产品生产、收购、储藏、运输全环节可追溯。

积极推行食用农产品合格证制度，强化生产经营主体责任。探索追溯工作与项目支持相挂钩的工作机制，鼓励社会资本介入，为规模生产经营主体配备追溯必需的信息化设备，调动其开展追溯的积极性。发挥追溯机制倒逼作用，推动生产经营者增强自律意识，自觉落实安全控制措施，更好地树立品牌形象，提高市场竞争力，促进产业提质增效。

3. 推动智慧监管

利用互联网、大数据、云计算与智能手机等新型信息技术成果，探索运用“机器换人”“机器助人”等网络化、数字化新技术和新型监管方法，推动农产品质量安全监管方式改革创新。借助互联网监管服务平台、手机终端 APP 、手持执法记录仪和移动巡检箱等设施设备，实现实时监管和风险预警，切实提升监管效能。加强数据收集挖掘和综合分析，探索农产品质量安全大数据分析决策，研判趋势规律，锁定监管重点，实行精准监管。

完善农产品质量安全监管追溯系统

（四）落实生产经营者主体责任，强化农产品生产经营者的质量安全意识

各级农业行政主管部门督促生产经营主体落实诚信责任，强化自律意识，实行质量安全承诺制度，严格遵守农产品质量安全相关法律法规，依法建立生产记录和进销货台账，实行索证索票制度，规范生产经营行为，提高自我约束能力，建立内部职工诚信考核与评价制度。

深入开展农产品质量安全专项整治，加强对于各农产品的抽样检测力度，对于出现问题的农产品生产经营者进行约谈，确保生产出来的农产品质量安全。要从源头抓起，督促农产品生产经营者提高生产管理水平，查找并消除存在的农产品安全隐患。对拒不整改或整改不到位，再次出现问题的生产经营主体，将严格按照有关法律法规进行顶格处罚，同时建议列入农产品质量安全黑名单，并向社会公布。

农检站技术人员深入各种植基地，宣传党和国家有关农产品质量安全工作的方针、政策、法律法规和相关规章制度。结合当前农业生产，对田间管理生产技术、农业标准化生产、农药规范使用、生产记录档案、包装标识等方面进行指导、培训，强化农产品生产经营者主体责任，积极为生产经营主体和农民群众做技术咨询服务，使其了解掌握农产品质量安全相关知识，提高农产品生产质量安全意识。

（五）建立农资和农产品生产企业信用信息系统

1. 深入推进信用信息系统建设

利用现有的农业信息化项目，完善、整合农产品质量安全信用信息，

与本地统一的信用信息共享平台加强数据对接，及时传送农产品质量安全信用信息，加快构建信用信息共享机制。以数据标准化和应用标准化为原则，进一步充实完善相关信用信息，实现信用记录电子化存储，推进行业间信用信息互联互通，提高主体信用信息的透明度。

2. 完善信用信息记录

把行政处罚、行政许可和监管情况作为信用信息的重点内容，实行信用信息动态管理、专人记录、及时更新，保证所采集信用信息的真实性和及时性，提升信息的严肃性和权威性。依法做好农产品质量安全领域的征信工作，及时公布农资生产经营主体及产品的审批、撤销、注销、吊销等有关信息。鼓励和指导第三方征信机构、行业协会依法开展征信工作。

3. 引导农资和农产品生产经营主体成立行业协会，健全组织体系和治理结构

督促行业协会加强自律，进一步完善组织章程，制定行业自律规则并监督会员遵守，加强会员诚信宣传教育和培训，在自愿基础上，通过各种方式征集会员的信用信息，积极开展非营利性信用等级评价。

4. 努力营造诚信守法的良好氛围

各级农业行政主管部门把诚信教育与行业管理有机结合，在工作中强化对主体的诚信教育和宣传引导。充分利用农村实用人才培训、基层农业技术推广和其他专业培训等途径，加大诚信教育力度。引导农资和农产品生产经营主体树立诚信文化理念，提高管理者的诚信文化素质，形成以诚实守信为核心的质量安全文化。

充分发挥电视、广播、报纸、网络等媒体的宣传引导作用，树立诚信典范，使全行业学有榜样、赶有目标。重点组织开展“放心农资下乡进村宣传周”、“3·15”国际消费者权益日、“12·4”全国法制宣传日等公益活动，突出诚信主题，努力营造“诚信光荣，失信可耻”的舆论氛围，让诚实守信的意识和观念深入人心。

专家观点

建立农产品质量安全追溯体系

建立农产品质量安全追溯体系是创新农产品质量安全监管的一个重要措施，核心是要解决三个问题。

一是提高监管效率。出现问题能及时锁定源头，界定主体责任，防止不合格农产品流入市场；二是促进产业进步。追溯体系会倒逼生产经营主体建立一种自律的意识，提高科学生产、绿色生产、合法合规生产的自觉性；三是提升消费信心。消费者在市场买东西，一看到有追溯二维码，心里就放心踏实。

农业农村部以推进国家追溯平台建设为重点，正在加快构建统一权威、职责明确、协调联动、运转高效的农产品质量安全追溯体系，努力实现农产品源头可追溯、流向可追踪、信息可查询、责任可追究。

目前开展的工作主要有：

第一，加强追溯管理的顶层设计。明确追溯管理总体思路和发展重点，印发《关于加快推进农产品质量安全追溯体系建设的意见》，指导全国农产品质量安全追溯体系建设统一有序地开展。

第二，建成国家追溯平台。在国家发改委的大力支持下，设立国家追溯平台建设项目，开展可行性研究和项目的设计，加快项目建设步伐。

第三，开展追溯平台的试运行。选择了四川、山东、广东三个省开展试运行工作，不断优化完善平台的功能和设计。

第四，构建追溯管理长效机制。印发农产品质量安全追溯管理办法，制定了国家追溯平台主体注册、标签使用等5项配套制度和7项基础标准，谋划建立追溯实施的保障机制。

——农业农村部办公厅主任 广德福

二、培育提升农业品牌

农业品牌建设既是农业高质量发展的重要引领，也是农业高质量发展的重要标志。农业高质量发展必须要以品牌建设为引领，从顶层设计到各个环节系统地部署推动，最终将资源优势转化为产业优势和市场优势。实施农业品牌提升行动，需要加快形成以区域公用品牌、企业品牌、大宗农产品品牌、特色农产品品牌为核心的农业品牌格局，推进区域农产品公共品牌建设，加强品牌宣传推动品牌市场营销，构建我国农产品品牌保护体系，建立区域公用品牌的授权使用机制以及品牌危机预警、风险规避和紧急事件应对机制。

知识链接

品牌农业

品牌农业有五个重要特征，即“五化”，即生态化、价值化、标准化、产业化、资本化。

生态化：即按照“尊重自然、循环发展”的理念，从事农产品的培育和生产，加工和销售安全、健康、优质的农副产品。生态化是品牌农业的心脏。

价值化：即引入品牌营销模式，通过品牌定位、产品创新、产品核心价值、品牌（产品）形象设计以及传播推广等手段，提升产业、企业和产品附加值，实现增收增效和可持续发展。价值化是品牌农业的脸面。

标准化：即引入现代经营管理理念和手段，对农业经营组织的种养、加工过程和环节，进行规范化、系统化改造和建设，改变传统农业经营的粗放、随意和人为性，形成可量化、可控制和可复制的标准。标准化是品牌农业的血液。

产业化：即实现作为第一产业的农业与第二产业、第三产业高度融合与产业整合，形成完整农业产业链，进行良性联动和互动。“公司＋基地”“公司＋合作社＋农户”“农户＋合作社＋超市”“农村＋金融”“农场＋家庭”“鼠标＋家庭”都是“从田间到餐桌”的产业化形式。产业化是品牌农业的肢体。

资本化：即根据农业投资风险大、利润回报低、投资周期长、市场前景广的产业特点，积极主动先期导入现代投资和资本运营理念、模式和路径，用资本的杠杆和力量撬动、助推现代农业跨越式发展。

（一）形成农业品牌新格局

加快形成以区域公用品牌、企业品牌、大宗农产品品牌、特色农产品品牌为核心的农业品牌格局。

各级农业农村部门应加强组织领导，多渠道整合资源，围绕当地的优势主导产业，制定并实施具有战略性、前瞻性的当地农业品牌发展规划。加快“一县一业”“一村一品”步伐，把品牌战略落到实处，引导农业品牌发展合理布局，进行统筹规划，因地制宜，以突出地方农业资源特色、品质特色、功能特色，体现历史沿革和文化内涵。

搭建培育农业品牌创建主体平台，发展壮大农业品牌建设人才队伍。扶持或引进一批具有较强开发、加工及市场拓展能力的重点龙头企业，对特色农业进行深度开发，并帮助农民合作组织及农业行业协会与中小农业企业建立起紧密的利益联系，形成共同打造农业名牌的利益共同体。建立农业品牌发展的整体工作运行机制，权责明确，避免出现职能交叉。

培育差异化竞争优势的品牌战略实施机制，构建特色鲜明、互为补充的农业品牌体系，提升产业素质和品牌溢价能力。建设和管理农产品区域公用品牌是各级政府的重要职责，以县域为重点加强品牌授权管理和产权保护，有条件的地区要与特色农产品优势区建设紧密结合，一个特优区塑强一个区域公用品牌。结合粮食生产功能区、重要农产品生产保护区及现代农业产业园等园区建设，积极培育粮棉油、肉蛋奶等“大而优”的大宗农产品品牌。以新型农业经营主体为主要载体，创建地域特色鲜明“小而美”的特色农产品品牌。农业企业要充分发挥组织化、产业化优势，与原料基地建设相结合，加强自主创新、质量管理、市场营销，打造具有较强竞争力的企业品牌。

（二）加强品牌宣传，推动品牌市场营销

做好品牌宣传推介，借助农产品博览会、展销会等渠道，充分利用电商、“互联网 +”等新兴手段，加强品牌市场营销。

1. 构建多媒体、多载体、多形式的品牌宣传体系

注重媒体传播的多元性，在用好电视、电台、报纸等传统媒体传播的同时，加大互联网媒体的传播力度，以通俗易懂、喜闻乐见的形式，提高品牌知名度；利用国家级大型农业展会和区域性重要特色展会、主要出口区域的知名农产品博览会、展销会等平台，向消费者传播品牌形象、传递品牌理念、展销品牌产品。

对生产基地、产品包装、专卖体验店、配送车辆、工作服装、电商平台、销售终端、农旅线路等进行专业化品牌设计包装，成为展示品牌视觉形象的广告载体；通过线上广告、线下广告、软性广告提高品牌影响力；深入挖掘特色产品、品牌企业背后引人入胜的故事，编撰品牌故事，丰富品牌文化内涵，推动品牌故事化，使其成为吸引消费者的卖点。

立足品牌目标消费者特点，通过创意设计，在充分凸显产品基因的基础上，推动品牌故事、品牌理念、品牌元素、产品特色向衍生品过渡，打造品牌衍生品系列产品线，以此提升消费者用户黏性，形成品牌“粉丝效应”；打造集战略研讨、论坛交流、评选颁奖、形象展示、合作对接于一体的品牌论坛，逐步打造成具有全国甚至国际影响力的农产品品牌大会。

2. 打造多元化品牌营销工程

以消费需求为导向，以优质优价为目标，推动传统营销和现代营销相融合，创新品牌营销方式，实施精准营销服务。利用电商平台旗舰店、官网旗舰店开设集销售推广和展示宣传为一体的农产品旗舰店或官网，争取平台的免费流量推广，开辟网上销售渠道。

积极与大型连锁商超、企事业单位、中高端酒店和餐饮集团进行洽谈合作，对标集团客户的需求、标准，整合产品资源，签订战略合作协议，争取品牌农产品入驻更多的连锁商超；建设大型的品牌专卖体验店，集聚全部特色知名农产品品牌，吸引市民进行体验式消费，同时为游客创造舒心、可信的特产首选购物平台。通过自营与合作相结合的形式，自建或租用中心冷藏库，将冷链物流与顺丰速运、京东快递、宅急送等合作建设，保证配送服务的便捷性和时效性。

（三）构建我国农产品品牌保护体系

加强农产品商标及地理标志商标的注册和保护，构建我国农产品品牌保护体系，打击各种冒用、滥用公用品牌行为。

1. 完善商标注册和专利申请的相关法律法规，维护品牌合法权益

明确商标注册内容、商标注册的领域、商标注册的范围；制订品牌使用管理办法，由品牌管理主体科学确定品牌精细化管理评价指标体系，作为品牌授权及动态准入准出管理依据。

2. 开展农产品地理标志资源普查

各级农业主管部门要开展本地区农产品地理资源普查，深入了解符合

地理标志保护要求的农产品资源状况、数量、类型、分布、品质特征、生产、加工、流通等情况。各级工商行政管理机关和农业主管部门要共同开展对已注册地理标志农产品的市场发展情况的调查；要根据调查的实际情况，因地制宜，制定本地区农产品地理标志和商标的发展规划及推进措施。

3. 发挥专业协会和中介组织的服务功能

农产品行业协会、农技推广机构、农民专业合作组织可以作为农产品地理标志或商标的申请主体。农产品地理标志证明商标注册人依法享有地理标志使用的管理权，承担对地理标志农产品的生产指导和质量管理的责任。

4. 加强技术指导

各级农业主管部门要积极组织农产品行业协会、农技推广机构和农民专业合作组织，引导生产者严格按照特定的生产规程生产地理标志农产品，及时制定地理标志农产品标准和生产规程，开展地理标志标示产地条件的评价和相关产品的检验检测工作，引导和支持农业龙头企业和农民生产、经营地理标志农产品。

5. 强化市场监管

各级农业主管部门要积极配合工商行政管理机关，加大对农产品地理标志和商标的保护力度，加强市场监管，切实保护注册人和农产品生产者的利益。对于侵犯已注册农产品地理标志和商标权益的违法行为，各级工商行政管理机关要充分发挥职能作用，加大查处力度，适时开展专项整治行动，切实保护农产品地理标志和商标权利人的合法权益。探索成立品牌保护举报投诉服务中心，举报投诉有奖，为品牌创建发展营造良好环境。

专家观点

多措并举加速品牌农业“起飞”

在实施农业品牌建设的过程中必须有多措并举。

引导品牌发展布局。各级农业农村部门应加强组织领导，对品牌发展工作进行统筹规划，因地制宜，围绕当地的优势主导产业，制定并实施当地农业品牌发展规划。

培育品牌创建主体。应加强对各品牌创建主体的培育，培养一批优秀企业家，以及从事品牌农业生产的新型农民，发展壮大农业品牌建设的优秀人才队伍。可以扶持或引进一批重点龙头企业，帮助农民合作组织及农业行业协会与中小农业企业建立起紧密的利益联系，形成共同打造农业名牌的利益体。

完善品牌发展的整体工作机制。厘清品牌发展的各项职能工作，明确目标责任，避免出现职能交叉；形成品牌发展的激励机制；形成品牌发展的财政补贴机制；形成品牌发展的保障机制，成立品牌工作小组；形成品牌发展的考核机制，对工作的实施情况进行严格检查考核。

健全品牌服务体系。应鼓励和引导农企建立起稳定的产销关系。应为品牌农产品构建健全的信息网络和物流系统，搭建产销信息平台。同时加快引导各类市场主体，创建自身品牌，保护知识产权，努力打造以品牌价值为核心的新型农业。政府部门要做好顶层设计，统筹规划，引导发展；行业协会要通过建立行业自律和发展机制，创新品牌产品塑造营销方式，加强人才培训，发挥好桥梁作用。

——中国农业科学院党组书记 张合成

三、构建农业对外开放新格局

党的十九大报告明确提出："中国开放的大门不会关闭，只会越开越大。"推动形成全面开放新格局。中国积极推动农业对外开放，农产品市场开放程度不断提高，农业利用国外市场和资源已达到相当的规模和水平，已全面深度融入世界贸易体系。在世界经济复苏乏力、国际金融市场跌宕起伏、贸易保护主义加剧的背景下，我国农产品贸易发展面临的环境和形势更为复杂，必须统筹建立健全我国农业贸易政策体系，提高农业国际竞争力和应对风险的能力。

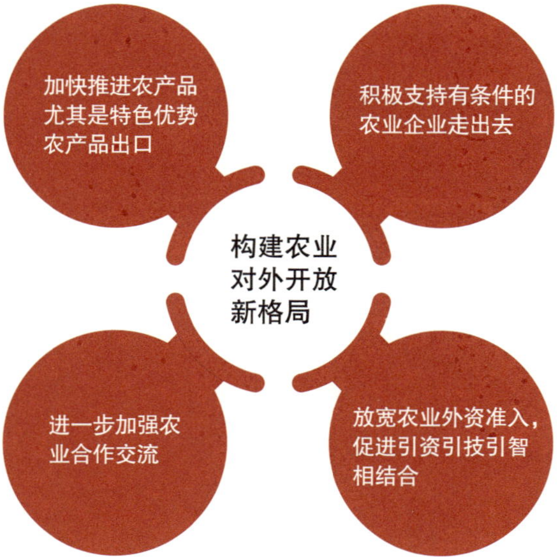

构建农业对外开放新格局

（一）加快推进农产品尤其是特色优势农产品出口

进入新时代，扩大农业对外开放，要充分发挥农产品进口对提高资源配置效率和结构优化的促进作用，更好满足国内农业要素和产品需求；要通过农产品出口消化国内产能、减少粮食“高库存”，提升国内供给与国外需求的匹配度。

1. 强化农产品质量安全管理，提高农产品出口的竞争力

质量安全问题是现阶段制约我国农产品出口的主要障碍。加强质量安全管理是提高农产品出口竞争力的有效手段。今后，应逐步实施动植物病虫害区域化管理，加强无规定动物疫病示范区建设，切实提高动植物卫生水平；进一步推广“公司＋基地”的农产品出口经营模式，支持农产品出口企业建立自有种植、养殖基地，开展农产品和食品认证，进一步推进标准化生产，建立质量监控体系；鼓励出口企业获得符合进口市场要求的有机产品认证和其他国际认证，取得卫生注册和原产地标记注册，建立农产品种植、养殖履历和质量可追溯体系；进一步完善出口农产品的检验检测、安全监测体系，鼓励检验检测机构取得实验室国家认可，重点加强和完善出口优势农产品及相关农业投入品的检验检测工作，加快农业生态环境检验检测中心的建设，提高我国农产品的国际市场竞争力。出口绿色、有机、无公害、特色、高档次高附加值、以“技术、品牌、质量、服务”为核心的农产品。

2. 优化出口商品结构，培育农产品出口品牌

鼓励企业发展深加工农产品出口，提高农产品附加值；支持企业培

育农产品出口品牌，优先支持农产品出口品牌建设；推动企业以引进国外先进技术和优良品种与国内自主研发并重的方式，开发自主知识产权产品，提高核心竞争力；积极推进农产品原产地标记注册制度，对符合出口免检有关规定的原产地标记保护的农产品依法优先予以免检；对信誉良好的原产地标记保护的农产品出口企业实行便捷通关。

3. 培育农产品出口重点企业，加快出口农产品的行业组织建设

在我国具有比较优势的农产品领域培育一批国际竞争力较强、出口规模大、效益好、带动农民就业、促进农民增收效果明显的农产品出口企业；适应农产品国际贸易的新形势，选择水产品、禽肉、蔬菜、水果等重点出口产品建立健全行业组织和商品协会；支持各地建立特色农产品出口行业组织；推动企业在自愿基础上组建行业协会，实行企业自主管理、自我服务和自我监督；充分发挥行业组织的作用，提高行业组织化程度，规范农产品出口秩序，积极应对国际贸易纠纷。

（二）积极支持有条件的农业企业走出去

1. 充分利用国际信息，拓展贸易范围

积极关注国家在国际上，尤其是“一带一路”的农业合作，积极参与和“一带一路”沿线及周边国家和地区的农业贸易合作。按照重点区域、重点产品和主要国家进行信息汇总，进一步拓展进口的来源渠道，推动共建“一带一路”农产品贸易通道，合作开展运输、仓储等农产品贸易基础设施一体化建设，提升贸易便利化水平，扩大贸易规模，拓展贸易范围。同时，鼓励建设多元稳定农产品贸易渠道，发展农产品跨境

电子商务。积极参与其他国家农产品检验检疫合作，共建安全、高效、便捷的进出境农产品检验检疫监管措施和农产品质量安全追溯系统，规范市场行为。

知识链接

“两区”

“两区”是指粮食生产功能区和重要农产品生产保护区，包括稻谷、小麦、玉米三大谷物粮食生产功能区和大豆、棉花、油菜籽、糖料蔗、天然橡胶五类重要农产品生产保护区。建设粮食生产功能区的概念是2010年浙江省最先提出并着手实施的，目的是在浙江这样的粮食主销省，划定800万亩耕地，建设并固定其粮食生产功能，以保障一定的粮食自给率。从浙江的实践看，是可靠可行的。

国家层面有一个从探索思考到基本成熟和工作部署的过程。2015年的中央一号文件就提出要“探索建立粮食生产功能区，将口粮生产能力落实到田块地头、保障措施落实到具体项目”，党的十八届五中全会通过的“十三五”规划建议，再次明确“探索建立粮食生产功能区和重要农产品生产保护区”，这一阶段的主要工作是探索和研究。

此后，2016年的中央一号文件要求“制定划定粮食生产功能区和大豆、棉花、油料、糖料蔗等重要农产品生产保护区的指导意见”，2016年第十二届全国人民代表大会第四次会议审议通过

“十三五”规划纲要，进一步明确“建立粮食生产功能区和重要农产品生产保护区，确保稻谷、小麦等口粮种植面积基本稳定”，这一阶段主要是研究制定国家层面的政策制度来规范建立“两区”。在此基础上，2017年中央一号文件提出，科学合理划定稻谷、小麦、玉米粮食生产功能区和大豆、棉花、油菜籽、糖料蔗、天然橡胶等重要农产品生产保护区，要求落实政策来划定建立“两区”。2019年中央一号文件提出：“全面完成粮食生产功能区和重要农产品生产保护区划定任务，高标准农田建设项目优先向‘两区’安排。”

2. 积极地支持本地农业走出去，支持本地的农业企业开展跨国经营，培育中国具有国际竞争力的大粮商和农业企业集团

要着眼实现农业资源全球配置，以推动农业走出去为契机，加强农业产业链整合，依托贸易、资本和技术优势，形成对全球农业产业链的支配力，巩固提升对国际农产品贸易的掌控力。积极支持有条件的企业开展跨国经营，重点在农产品加工、仓储、物流、贸易等产业链关键环节上加大支持力度。通过海外投资、并购、资本运作，提升在全球农业价值链中的地位。

支持在国外种植的、有条件的企业在境外利用混合贷款、银团贷款、资产证券化等多种手段，采用境内外发行股票、债券以及项目融资等多种方式筹集资金；继续深化境外投资的外汇管理改革；引导企业借鉴跨国农业公司与当地农民合作的方式，通过提供融资、农资、技术培训等

生产性服务，与当地农民建立稳定的合作关系。完善支持企业境外投资的风险保障机制等，以指引中国企业更好地走出去。

（三）进一步加强农业合作交流

争取农业农村部、外交部、商务部等部委支持，举办“博鳌亚洲论坛”农业分论坛、中非农业合作研讨会等国际农业成果交流、贸易合作会议活动，建立和优化提升农业公园、乡村振兴示范区等休闲农业外交基地，加强农业双向投资合作、农产品国际贸易、对外农业援助、多双边农业技术合作和人力资源合作，以及全球经济治理中的涉农领域合作等多种合作形式，努力打造具有全球影响力的农业对外交流合作中心。

1. 加强境外农业全产业链开发

从全产业链布局角度出发，在农业科研、农资研发、生产、加工、物流、仓储、销售等诸环节合理布点，长远谋划，形成全产业链的掌控能力。可以布点到农业生产相关领域，为当地生产者提供技术培训及服务，以技术和服务换产品与市场；延展到农产品加工领域，实现农产品价值增值；延伸到基础设施建设，布局农产品运输的物流体系。政府要积极支持我国农业企业布局全球农业产业链关键节点，形成以资源开发和农业全产业链合作为核心的多元化共赢局面。引导和支持农业企业向加工、物流、仓储、码头等资本和技术密集型行业以及研发等科技含量较高的关键领域倾斜。

2. 加强服务类农业对外合作

打造境外农业投资带动平台，开展技术培训、科研成果示范、品牌推广等服务，在土地厂房租售、法律政策咨询、原料供应、产品销售、质量安全、安全保护、员工培训、产业与生活设施等方面，提升对企业的服务能力，使缺乏境外合作经验的企业能够专注于自身核心优势开发。建立技术咨询服务平台。认定考核技术支持机构，加强与国际化咨询企业的合作对接，帮助完善国际化发展战略和资本运作方案，引导企业树立全球视野，采用国际主流发展模式实现跨越发展。

3. 加强境外农业示范园区建设

打造境外农业产业集群，支持境外同区域的产业链关联企业建设各有特色的产业园区。围绕主导产业，促进产业链对接联合，集成各环节企业强项，提升产业链效率，降低交易成本。引导企业共建、共享涉农基础设施。鼓励建区企业制定运作高效的管理委员会制度。提升示范区组织化程度，强化企业抱团应对政治、经济、自然风险的能力，增强企业的谈判优势和争取扶持政策的能力。打造境外政策试验田和模式创新基地，创设一套针对性扶持政策。将示范区建设纳入多双边投资谈判、政策协调、交流研讨框架中，协助争取所在国优惠政策，积极联合所在国政府和企业共建示范区，强化对示范区的支持、宣介和保护。

典型案例

中华蒜都——济宁金乡

世界大蒜看中国，中国大蒜看金乡。有“中华蒜都”美誉的山东省金乡县大蒜产业，多年来已经形成“农、工、科、贸”一条龙的现代产业链条：出口到168个国家和地区，年外销量130万吨，占全国的70%以上，年创汇4.5亿美元。金乡成为全国乃至世界大蒜交易集散中心和价格形成中心。

创建高于“国标”的生产标准

质量安全是品牌农业的生命。金乡大蒜生产标准被列为国家标准，荣获“首届中国农业博览会银质奖”“国家地理标志产品”等称号。2011年，金乡被命名为全国有机农业（大蒜）示范基地，通过了德国色瑞斯认证有限公司（ceres）的认证，产品受到众多国家和地区的认可。2014年，金乡有机大蒜再次荣获中国国际有机食品博览会金奖，成为唯一一个连续三年蝉联该奖项的大蒜品牌。

金乡有机大蒜从种植、管理到收获、生产、加工及销售的各个环节，都严格按操作规程实行统一种植、储藏、加工、包装、标识、销售，实现了全程无污染、无添加、无农药残留的天然有机承诺。从地标产品、欧盟认证，到编制高于国家标准的生产规程和基地标准，金乡大蒜在行业中，通过创建高于“国标”的领先的、独特的行业标准，从市场中脱颖而出。

产区活动营销提升品牌力

金乡大蒜实施了“三大战略性”举措：积极举办和参加国内外高端农业展会，扩大金乡大蒜影响力；建设辐射带动全国的国际大蒜商贸城和金乡大蒜国际交易市场等骨干区域性农产品交易市场；积极扩大出口，叫响金乡大蒜国际品牌。

金乡多次举办大蒜节会，在网上开通相关栏目，在商务部国际网站上链接“金乡大蒜”品牌网页，将金乡大蒜的品牌越擦越亮；每年的金乡大蒜年会暨产销对接会，使“世界大蒜看中国，中国大蒜看金乡”成为国内外广泛共识；金乡大蒜借助品牌优势，建立了农超对接、农批对接、网上交易等多种直销模式，同全国100多家超市、连锁店签订了长期合作协议，在多个电商平台设立旗舰店，构建了金乡大蒜直销大中城市的“绿色通道”，形成了以华光、宏宇、新诺、诚强等为龙头的大蒜出口创汇企业集群。

精深加工让普通大蒜变身“金疙瘩”

金乡县致力发展大蒜精深加工，由大蒜原料生产基地向加工中心转变，由大蒜农业向大蒜工业转变。同时，发挥大蒜加工企业“蓄水池”作用，让大蒜有一个稳定的销售渠道。

与国内外大蒜科研院所合作，创建了山东省大蒜产业技术创新联盟、大蒜产业科技园，把高新技术从实验室植入大蒜产业链上，开发出蒜油、黑蒜、黑蒜饮料、大蒜粉胶囊、大蒜保健品等50余种精深加工产品，涵盖了大蒜加工、食品保健、生物制药等多个领域。搞农产品深加工是农业企业产业化、品牌化的必经之路。

（来源：《农民日报》2015年4月20日）

（四）放宽农业外资准入，促进引资引技引智相结合

利用外资是我国对外开放基本国策和构建开放型经济新体制的重要内容。贯彻落实中共中央、国务院关于推动形成全面开放新格局的决策部署，进一步促进外商投资稳定增长，实现以高水平开放推动农业经济

高质量发展。

第一，完善境外资本融通渠道。在依法合规、风险可控、商业可持续的前提下，引导金融资本支持农业对外合作，创新投资审批制度，简化程序、提高效率，建立符合国际惯例的商事登记制度，主动适应外商投资准入前国民待遇加负面清单管理模式，引导外资更好地服务我国现代农业发展。

第二，吸引外商直接投资建设集种植、养殖、加工、销售、物流和休闲观光为一体的现代农业园区，发挥示范带动作用；创造条件，积极引导外商投资向“三个方面”延伸，即从农产品加工领域向农业综合开发领域延伸，从农业生产领域向农业社会化服务领域延伸，从农业产中环节向产前、产后环节延伸。

第三，制定招商办法和奖惩政策，充分发挥现代农业园区和产业化龙头企业的平台和载体作用，通过展会招商、产业招商、网上招商、代理招商等多种形式，引进一批引领性农业项目；支持外商采取独资、合资、租赁、承包、收购和 BOT 等方式开发农业项目，鼓励外商参与开发建设现代农业项目，从事农业基础设施建设开发项目；支持外商投资参与新农村建设，在农民自愿的前提下，允许外资参与村庄整治，对在村庄整治中产生的废旧宅基地，在国家政策范围内，允许外商投资开发与农业相关的各种项目，并积极争取国际农业科技组织重大科技项目的引进与合作。

第四，围绕现代农业建设重点领域和关键环节，加大国外先进技术、经营模式、管理方式和现代服务的引进力度；重点引进农业安全生产、标准化生产、病虫害综合防治等方面的关键技术，有选择地引进农产品加工、储藏、保鲜等领域的关键技术；力争在高效种养技术、农产品精深加工、农产品交易、动植物遗传育种、动植物疫病防控等方面实现新突破；充分利用国际开发性金融资本，引进节水农业、设施农业、农村新能源等方面的先进技术和装备。

第五，建立农业对外开放专业人才成长、引进、使用和激励机制。有重点地引进农业科技关键领域的外国专家，密切国内外农业科技合作，为加快推进农业对外开放和招商引资提供专业人才支撑和智力储备。加强与目标国家的农业科研院所交流合作，组织科技人员赴境外联合开展农业技术研发推广和培训，多形式、多渠道培养具有操作技能和管理知识的农业科技队伍，为农业对外合作提供人才保障。

延伸阅读

1. 中国市长协会小城市（镇）发展专业委员会等：《解码乡村振兴》，中国农业出版社 2018 年版。

2. 曾寅初：《我国扩大农业对外开放战略研究》，中国农业出版社 2016 年版。

3. 娄向鹏：《品牌农业：从田间到餐桌的食品品牌革命》，企业管理出版社 2013 年版。

深度思考

1. 如何进一步完善农产品质量安全监管追溯，确保人民群众“舌尖上的安全”？

2. 如何打造出良好的农产品品牌成长环境？

3. 可以从哪些方面、提供哪些帮助使当地有特色的农产品逐渐走向国际？

第四章

建立现代农业经营体系：农业现代化的机制保障

中共中央、国务院印发的《乡村振兴战略规划（2018—2022年）》指出："坚持家庭经营在农业中的基础性地位，构建家庭经营、集体经营、合作经营、企业经营等共同发展的新型农业经营体系，发展多种形式适度规模经营，发展壮大农村集体经济，提高农业的集约化、专业化、组织化、社会化水平，有效带动小农户发展。"因此，建立现代农业经营体系是实现农业现代化机制的保障。从传统的农业耕作形式转向如今的以无土栽培、精准栽培、观光农业等为主的现代化农业，将人们从"晨兴理荒秽，带月荷锄归"的模式中解放了出来。

一、巩固和完善农村基本经营制度

党的十九大报告强调要"巩固和完善农村基本经营制度"，它是各项农村政策的基石。深入贯彻这一重大决策，对于促进农村经济的持续发展和稳固农村生产关系，对于建设中国特色社会主义新农村，具有十分重要的意义。因此，要在原有的政策基础上完善承包地"三权"分置制度，深化农村土地制度改革，全面完成土地承包经营权确权登记颁证工作，为实施乡村振兴战略打下坚实的基础。

（一）完善承包地“三权”分置制度

党的十八届五中全会明确要求，完善土地所有权、承包权、经营权分置办法，依法推进土地经营权有序流转。习近平总书记在党的十九大报告中强调要“完善承包地‘三权’分置制度”。“完善承包地‘三权’分置制度”这项政策极大地调动了亿万农民积极性，有效地解决了温饱问题，更有效地保障了农村集体经济组织和承包农户的合法权益，同时也更有利于现代农业发展。

完善承包地“三权”分置制度

1. 做好农村土地确权登记颁证工作

成立工作领导小组，做好宣传工作，通过多种渠道向广大群众宣传确权登记颁证工作的重要意义，充分调动广大群众的积极性和自主性；坚持“归属明晰、权责明确、保护严格、流转顺畅”的原则，完成对集体耕地的确权登记颁证工作，着重解决农户承包地块面积不准、“四至不清”、空间位置不明、登记簿不健全等问题；根据确权登记颁证工作结果，按单位构建数据库和登记业务系统。

2. 建立健全土地流转规范管理制度

明确农村集体土地流转管理职责，明确土地流转管理的主体，加强组织协调、监督检查；凡发生违反农村集体土地流转管理相关规定的，对相关当事人进行责任追究；家庭承包取得的农村集体土地须遵守“依法、自愿、有偿”的原则，农户流转土地需向村委会提交申请报告；做好历史与现实的衔接，对过去已经健康流转的，要依法维持原流转关系；手续不完备的应当依法完备，相关资料由流转市场的管理和服务机构保管，维护流转关系的稳定。

3. 构建新型经营主体政策扶持体系

坚持因地制宜、因业制宜，鼓励新型农业经营主体按照依法自愿有偿原则，通过流转土地经营权，发展适度规模连片经营；引导新型农业经营主体多模式完善利益分享机制，将新型农业经营主体带动农户数量和成效作为相关财政支农资金和项目审批、验收的重要参考依据。

专家观点

完善“三权分置”法律制度

无论采取什么方式取得耕地的经营权，当事人之间都要订立土地经营合同。当事人之间的权利和义务尤其是经营权的内容，主要由土地经营合同加以确定。所以，关于订立土地经营合同的法律规则在实践中具有重要意义，必须依法确立明确的制度。首先要明确合同的主体，主要是明确经营权人和谁订立合同、如何订立合同。这种合同有时候是农户个人订立，实践中由集体出面订立的也很多。相关法律制度设置应考虑到这些实际情况。

在“三权分置”改革的相关立法中，应坚持不得妨害农民现有土地承包经营权的原则。党的十九大报告提出，保持土地承包关系稳定并长久不变，第二轮土地承包到期后再延长30年。在依法处理农村土地权利问题时应当明确，建立健全土地法律制度的目的是发展现代农业、惠及广大农民。相关立法必须立足我国农村发展的实际，照顾广大农民群众对土地的感情，维护农村稳定。

——中国社会科学院法学研究所研究员 孙宪忠

（二）落实农村集体产权制度改革的政策

党的十九大报告指出：“深化农村集体产权制度改革，保障农民财产权益，壮大集体经济。”农村集体所有制是我国基本经济制度的重要组成部分，是中国特色农业现代化道路的制度基础。农村集体产权制度改革是中央部署的又一项管根本、管全局、管长远的重大改革。

第一，成立农村集体产权制度改革领导小组，成员由具有集体经济组织成员身份的人组成（原则上每个村民都要有代表参加）。邀请专家进行专题培训，结合实际情况，集中组织群众代表学习相关文件，全面了解改革的目的和政策要求，准确把握改革方向。

第二，确认农村集体经济组织成员的身份。以公安部门提供的户籍为基础，组织工作组逐户进行成员摸排登记。重点摸排因务工经商、就学参军、投靠子女、婚姻嫁娶等户籍迁出的原住人员，解决成员边界不清问题。确认身份后，按照制度的条例对成员进行管理。

第三，进行实地考察，加快“清产核资，摸清家底规范管理”。根据《中华人民共和国公司法》《中华人民共和国会计法》等法律法规，重点解决家底不清、产权不明、欠款难收等问题，在开展日常清产核资中，要对各类资产、负债和所有者权益进行全面清理、登记、核对和查实，要做到见物就点、是账就清，不重不漏、不留死角；对查出的问题，不打埋伏，如实上报；对清查出的各种资产的盘盈、盘亏、报废等，在按规定进行必要技术鉴定后，及时提出处理意见，按规定权限申报审批。加强农村集体产权制度改革培训督察，开展关于清产核资工作的具体操作流程的培训工作，使集体资产管理制度化、规范化。

第四，清产核资后，在尊重农民意愿的前提下，进行股份量化和管理。按照成员的出资比例分配股权，并按照“量化到人，权能到户”的原则进行管理。最后由相关部门颁发股权证书。

（三）落实农村土地制度改革的政策

我国是个农业大国，如何处理好农民和土地的关系，一直是我国农村改革的根本性问题。我国在农村土地上的矛盾和问题必须通过深化改革来解决。党的十九大报告强调：“农业农村农民问题是关系国计民生的根本性问题，必须始终把解决好‘三农’问题作为全党工作重中之重。”

第一，全面落实党的十九大精神，坚持以习近平新时代中国特色社会主义思想为指导，必须要以“处理好农民和土地的关系”为出发点，稳妥推进农村土地制度改革。在完成好改革的“规定动作”的同时又要创造性地开展工作，并且加大对低产田的改造力度，在不破坏当地生态系统和符合当地农业生产条件的前提下，实现“中高产”的目标。

第二，着力推动集体经营性建设用地、宅基地入市。严格界定公共利益项目用地类型，结合集体经营性建设用地、宅基地入市达到缩小征地范围、缩减征地规模的试点要求，通过宅基地有偿使用、自愿有偿推出、扩大流转范围等措施，统筹推进新村建设、生态保护、产业空间布局调整，构建多元化的投资机制，推动多要素的跨界融合，打造美丽乡村、特色小镇。同时结合精准扶贫工作，激发贫困村的发展动力，带动广大群众脱贫致富。

第三，围绕“缩小征地范围、规范征地程序、完善合理规范多元保障机制”的目标，研究制定土地征收目录、社会稳定风险评估办法、争议调处办法等配套政策，在征前、征中和征后等环节形成民主协商、风险评估、补偿安置、纠纷调处、后续监管等措施，完善多元保障方式，形成土地增值收益分配办法。为被征地农民开展就业创业培训，培训合格后推荐其从事园区绿化、物业管理、保安等工作，对从事种植养殖、交通运输、购买商业用房的被征地农民给予创业补贴。通过留用地就近开发商业建筑或为被征地农民安排留用地指标，引导农民转变生产、生活方式，增加失地农民收入，发展壮大农村集体经济实力。

专家观点

处理好稳定和放活的关系

深化农村宅基地制度改革，重点是处理好稳定和放活的关系。

一是明确底线。不得违规违法买卖宅基地，不允许城里人到农村购买宅基地建房。二是扩权赋能。落实宅基地集体所有权，保障宅基地农户资格权和农民房屋财产权，适度放活宅基地和农民房屋的使用权。2019 年将制定加强农村宅基地管理的政策文件，同时，开展农村宅基地和农房调查，摸清全国宅基地基本情况。力争 2020 年基本完成房地一体宅基地使用权登记颁证工作。

——农业农村部部长 韩长赋

二、壮大新型农业经营主体

2017 年，中共中央办公厅、国务院办公厅印发的《关于加快构建政策体系培育新型农业经营主体的意见》指出："加快培育新型农业经营主体，加快形成以农户家庭经营为基础、合作与联合为纽带、社会化服务为支撑的立体式复合型现代农业经营体系，对于推进农业供给侧结构性改革、引领农业适度规模经营发展、带动农民就业增收、增强农业农村发展新动能具有十分重要的意义。"当前，我国新型农业经营主体正处在成长的关键时期。通过多种形式开展适度规模经营，不断壮大农林产业化龙头企业，加快培育新型农业经营主体，鼓励发展农民专业合作社联合社，鼓励工商资本下乡，已经成为推进农业农村现代化、实施乡村振兴战略的时代使命。

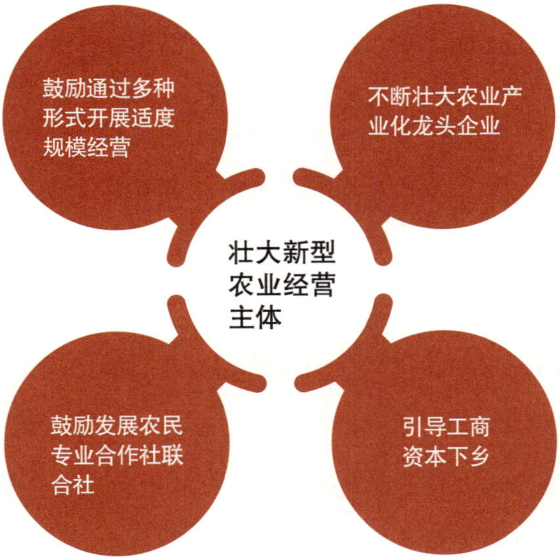

壮大新型农业经营主体

（一）鼓励通过多种形式开展适度规模经营

多种形式的农业适度规模经营的问题涉及了劳动力、投入资本、土地、技术等生产要素的最优配置以及组织形式的选择，这些问题都是现代农业所要解决的问题。从长远看，推动农业从传统农户分散经营向集约化、专业化、组织化、社会化相结合的新型经营体系转变，是我国建设现代化农业强国的必由之路。

第一，以提高农业要素配置效率为目标，以培育新型农业经营主体为载体，以体制机制创新为动力，以健全农业生产社会化服务体系为支撑，合理利用相关的资金，充分调动小农户的生产积极性，为农业现代化注入新活力。要牢牢把握好“适度”，经营规模不能太小但也不能太大，制定的相关政策要干预到位、精准，重点解决同类经营主体之间收入过度失衡和过度分化的问题，完成公平与效率、发展与稳定双赢下的模式创新。

第二，通过土地流转积聚土地资源，形成土地规模经营，开展形式多样的土地流转。鼓励农户依法采取转包、出租、互换、转让、股份合作等形式流转土地。引导同一集体经济组织内的承包农户通过土地互换等方式使经营地块相对集中连片。对业主需要连片开发而部分承包农户不愿流转土地的，可由集体经济组织协调，在自愿的基础上通过互换等方式协调解决。创新农村土地流转模式，支持农民以土地承包经营权作价出资或入股的方式设立土地专业合作社，从事农业生产经营。

第三，扶持加强适度规模经营主体物质装备建设。对专业大户、农民专业合作社购买农机具给予累加补助，为适度规模经营提供便捷高效、质优价廉的专业服务。加强基础设施和特色农旅融合发展规划，以普通干线公路网改造和农村联网公路建设为重点，扩大机耕道宽度，便于大型农业机械通行，为机械化创造条件。

第四，根据农民的意愿，统一连片整理耕地，将土地折股量化、确权到户，经营所得收益按股分配，也可以引导农民以承包地入股组建土地股份合作社。鼓励承包农户开展联户经营，发展多种形式的农民合作组织。立足差异化功能定位，积极培育和发展家庭农场联盟、合作社联合社、产业化联合体等。

第五，加快农业生产社会化服务体系发展，加快形成财政优先保障、金融重点倾斜、社会积极参与的多元投入格局，落实相关税收优惠政策，加快设立融资担保基金，不断拓宽筹资渠道，以便为农户提供资金上的支持；建立健全专项基金制度，注入农合社资互助会，提高资金互助会规模与质效，切实解决当下农业经营主体融资难、融资贵的问题。

（二）不断壮大农业产业化龙头企业

农业产业化是我国农业经营体制机制的创新，是现代农业发展的方向。农业产业化龙头企业与一般的工商企业不同，它具有开拓市场、创新科技、带动农户的作用，能够带动农业和农村经济结构调整，推动农业增效和农民增收。《国务院关于支持农业产业化龙头企业发展的意见》指出："支持龙头企业发展，对于提高农业组织化程度、加快转变农业发展方式、促进现代农业建设和农民就业增收具有十分重要的作用。"

第一，充分发挥农业龙头企业的引领示范作用，通过实施财税、金融、人才等配套设施，优先突出扶持培育一批、引进一批起点高规模大的龙头企业，建立"龙头企业 + 基地 + 合作社 + 农户"的模式。坚持"扶优、扶大、扶强"的原则，支持做大做强龙头企业。支持具有比较优势的龙头企业以资本运营和优势品牌为纽带，盘活资本存量，整合资源要素，开展跨区域、跨行业、跨所有制的合作。

第二，因地制宜、因业制宜，通过政策扶持和资金补助使当地优势强、收益高、见效快、市场需求量较大的农产品得到长足发展，在农产品空间布局上逐渐向某一地区集中，形成具有区域特色的主导产品和支柱产业，不断增加名特优新品，形成产业类型多头并举的产业结构。

第三，支持龙头企业引进先进的生产加工设备，开展技术创新，重点引进改造升级育种、生产、加工、包装、储藏、流通等关键设施装备，提升农产品加工能力。支持龙头企业开展废弃物再利用、节能、节水、节电等项目，充分发挥龙头企业在构建绿色经济中的领头作用，实现当地经济的可持续发展。

第四，围绕主导产业，加强基地建设。健全土地承包经营权流转市场，支持龙头企业依法合理流转土地，允许打破行政区域，优化产业布局，提高生产规模化水平。鼓励龙头企业使用先进适用的农机具，提升农业机械化水平。建立健全投入品使用管理制度和生产操作规程，完善农产品质量安全全程控制和可追溯制度，提高农产品质量安全水平。

（三）鼓励发展农民专业合作社联合社

《中华人民共和国农民专业合作社法》颁布以来，我国农民合作社数量日益增加，农民合作社联合社的成立与发展逐渐具备了稳固的成员基础。农民合作社是带动农户家庭经营进入市场的一种重要组织创新，它有利于解决单个农户家庭解决不了的问题，发展农民专业合作社联合社是实现农业现代化发展，实现乡村振兴的一种重要途径。

第一，在鼓励发展农民专业合作社时，首先要解决农民合作社普遍存在的规模小、发展不规范、抗风险能力差的问题，积极引导农民专业合作社扩大合作领域，从单一合作走向联合合作。同时要成立工作小组，派专人负责指导，给予农民专业合作社政策保障、业务培训、科技引导，如农资供应、农机辅导、病虫害防治等，促进合作社之间的交流，发挥资源共享、优势互补、学习提升的作用，在各个方面给予农户最大的支持。

第二，鼓励业务和产品相近的农民合作社组建联合社，形成规模效应。同时利用好地理标志等区域性品牌，以共同打造品牌为契机，实现农民合作社的联合，如通过“一村一品”“一乡一业”使各农民合作社进行联合。同时，要鼓励农业服务型企业领办联合社，促进农业服务的社会化。

第三，在资金问题上，要建立健全专项基金制度，制定资金互助章程，注入农合社资金互助会，提高资金互助会规模与质效，切实解决当下农业经营主体融资难、融资贵的问题。《国民经济和社会发展第十三个五年规划纲要》提出："稳妥开展农民合作社内部资金互助试点。"

第四，引导合作社树立品牌意识，加强品牌的培育，通过举办专题培训、发送宣传资料等方式进一步普及有关商标的法律法规知识，通过商标的注册及使用，提高产品及合作社的知名度和信誉度，进而提升合作社的市场竞争力，形成具有当地特色的组织群体。

第五，鼓励农民合作社利用物联网等现代信息技术开展生产经营、技术培训、财务社务管理，积极发展电子商务；鼓励农民合作社建立网站、短信平台，公布重大事项和日常运行情况，探索运用短信、网络等方式进行民主决策，为促进合作社规范化建设、指导合作社开展生产经营活动提供多样化、时效性的信息服务。

（四）引导工商资本下乡

实施乡村振兴战略，要确保资金的充足。工商资本下乡，指的是城镇工商企业向农业农村投资，带动人力、财力、物力以及先进技术、理念、管理等进入农业农村，从而推动乡村振兴。

1. 建立严格的工商资本准入制度，预防"非农化"倾向

制定优惠政策引导工商资本涉农，建设有效整合农业生产要素的平

台，完善土地、资金、人才、技术等生产要素整合机制，为工商资本下乡，发展规模化的种养业、技术门槛较高的绿色农业提供绿色通道；在土地流转、贴息贷款等方面给予扶持，放大工商资本投资农业的“洼地”效应；支持工商资本进入产业链长、价值链宽、可实现企业增产增效增值的产业；鼓励工商资本从特色产业着手，用现代化的市场化思维、企业化思维推动传统农业转型升级。

工商资本下乡租赁农地的情况越来越多，在鼓励这种行为的同时要防范耕地“非农化”，限制长时间大面积租赁农地，对当地现阶段新增工商资本租赁农地实施控制，即单个企业租赁农地规模原则上不得超过当地农户户均承包面积的200倍，确有良好经营业绩的可适当扩大规模。

2. 建立工商资本下乡情况的定期报告制度

安排专人及时收集、统计本地区、本系统推动工商资本下乡的情况，并于每季度末及时上报。建立定期督察机制。成立工作小组定期组织相关处室和人员开展专项督促检查。对检查中发现的各类问题，及时通报，限期整改，确保此项工作取得实效。

知识链接

农民专业合作社

《中华人民共和国农民专业合作社法》第一章第二条对“农民专业合作社”作了规范界定：“农民专业合作社，是指在农村家庭承包经营基础上，农产品的生产经营者或者农业生产经营服务的提供者、利用者，自愿联合、民主管理的互助性经济组织。”农民专业合作社分为：乡村精英领导型、龙头企业带动型、集体经济依托或改制型、政府部门引导型。

三、发展新型农村集体经济

发展壮大新型农村集体经济是实施乡村振兴战略的重要抓手，是推进农业农村现代化的重要内容，是实现共同富裕目标的重要保证。党的十九大报告指出：“深化农村集体产权制度改革，保障农民财产权益，壮大集体经济。”习近平总书记也曾多次强调，要充分认清集体经济的重要性，努力增强自身的“造血功能”。发展壮大农村村级集体经济，需要在农村改革和发展的过程中不断解放思想，打破旧有思维桎梏，通过开放共享、产业融合、模式再造等，积极探索集体经济的多种实现形式，特别要积极探索发展村级集体经济的多种途径。

（一）推进农村集体资产股份合作制改革

为进一步深化农村改革，创新农村集体经济组织的管理体制和运行机制，增加农民财产性收入，促进农村经济社会持续健康发展，完善对集体资产股份的管理方法是必然要求。现阶段重点是用好并管好集体资产，既要防止在改革中集体经济被少数人控制和占用，也要防止集体经济被社会资本所吞噬。

1. 界定成员资格

通过调查摸底、民主讨论、结果公示等程序，准确界定成员资格，对成员进行造册登记，依法保障集体经济组织成员的合法权利。

2. 赋予财产权利

将农村集体资产折股量化到人、落实到户，建立农村集体资产股权证书管理制度和台账管理制度，纳入农村“三资”信息化管理平台，保障成员对农村集体资产股份的占有权。完善收益分配制度，明确范围，确定比例，兑现分配，落实成员对农村集体资产股份的收益权。在保障落实成员对农村集体资产股份占有权和收益权的基础上，探索成员对集体资产股份的有偿退出权和继承权的实现形式。

3. 完善法人治理

建立与股份合作制产权制度相适应的法人主体，制定相应的章程，设立股东（代表）大会、理事会、监事会等法人治理结构。出具集体经济组织的法人证明，确认法人资格，股份合作社办理银行开户、工商注册等相关手续。

4. 坚决守住改革底线

坚决守住改革底线，即坚守住集体所有制的底线，防止把集体经济改弱了、改小了、改垮了；坚守住农民利益底线，防止把农民利益改虚了、改少了、改没了。开展集体资产股份占有权、收益权试点，对已经完成改革的，要求建立健全股权证书登记管理制度，股权证书应详细记载成员的信息，为未来实行股权继承创造条件。

5. 坚持“农民自愿、民主决策”原则

要坚持“农民自愿、民主决策”原则，充分保障农民群众的知情权、决策权、参与权和监督权，尊重农民群众的选择，不搞“一刀切”。根据当地的实际情况和发展方向，由农民群众自主选择改革方式和股改模式，因地制宜制定改革试点方案，正确处理改革、发展和稳定的关系，稳妥有序推进农村集体经济组织产权制度改革工作。

推进农村集体资产股份合作制改革

（二）探索多种有效路径盘活农村集体经济

我国农村集体经济组织资产大多处于分散和闲置的状态，平时无法调用出来。因此，要探索多种有效的途径，盘活农村集体经济，这对推进农业现代化进程，实现乡村振兴战略具有深远而重大的意义。

第一，要加快建设农村集体资产监管管理平台，解决存在的农村集体产权虚设、分配不公开、管理不透明的问题，从制度上遏制小官巨贪等情况的发生。促进农村集体资产的保值增值，激活农村各类生产要素，增加农民财产性收入。支持在集体资产的折股量化、股权设置、收益分配，整合利用集体积累的资金，政府的帮扶资金等方面。通过入股或者参股一些企业、村与村的合作、村企联建共建等多种形式来增加集体经济收入。

第二，发展集体经济可以是资产租赁型、生产服务型，也可以是企业股份型、联合发展型等多种形式。通过股份制、股份合作制等多种形式，让农民以土地入股，盘活用好集体的各种资源资产，鼓励发展多种形式股份合作，更多分享一二三产业增值收益，实现先富带后富。发挥经营性资产优势，突出发展物业经济，发挥自然资源优势，因地制宜发展资源经济。利用人文的、历史的良好生态资源优势发展休闲农业和乡村旅游，支持发展农业特色产业、乡村旅游、特色小镇。

第三，在合理规划的前提下，利用闲置的宅基地和各类设施，将闲置资产变为培育新型产业的摇篮。对于租用农户承包土地建设农产品生产基地的，按照其使用原集体投入的基础设施，收取一定的租赁费用。

专家观点

实施乡村振兴战略
应该让小农户共商共建共享现代农业发展

近年来，尤其是党的十八大以来，我国“三农”发展成效显著，但“三农”发展离满足人民群众特别是广大农民日益增长的美好生活需要还有相当大的距离；城乡发展不平衡已经成为当今中国最大的不平衡所在，“三农”发展不充分也是当今中国发展不充分最突出的表现。实施乡村振兴战略，是顺应社会主要矛盾转化，突出抓重点、补短板、强弱项，推进高质量发展的迫切要求。党的十九大报告强调：“让改革发展成果更多更公平惠及全体人民，朝着实现全体人民共同富裕不断迈进”“使人民获得感、幸福感、安全感更加充实、更有保障、更可持续”。实施乡村振兴战略，必须把维护农民根本利益、促进农民共同富裕作为根本出发点和落脚点，因此让农民共商共建共享乡村振兴和现代农业发展过程，调动广大农民的积极性、主动性、创造性，提升农民的获得感、幸福感、安全感应该是基本要求。相对于新型农业经营主体和进入农村的工商资本，小农户实现共商共建共享发展的机会和能力最为欠缺，最容易成为构建现代农业产业体系、生产体系、经营体系的薄弱环节，最容易成为提升农民获得感、幸福感、安全感的难点所在。因此，小农户的根本利益最难保障，小农户共同富裕最难实现，小农户的能力提升至关重要。促进小农户与现代农业发展有机衔接，可以在这些方面提供有效保障。当前，我国农业发展的许多问题，如农产品成本和机会成本高、比较利益低，农业环境污染问题严重，以及农业可持续发展和国际竞争能力弱，也与以小农户为主的农业经营结构有关。促进小农户与现代农业发展有机衔接，有利于推动农业的高质量发展，对此应有紧迫感和使命感。

——国家发改委产业经济与技术经济研究所研究员 姜长云

（三）全面开展农村集体资产清产核资

《中共中央 国务院关于稳步推进农村集体产权制度改革的意见》明确指出，各省级政府要对清产核资工作作出统一安排，从 2017 年开始，按照时间服从质量的要求逐步推进，力争用 3 年左右时间基本完成。习近平总书记强调，深化农村产权制度改革，开展清产核资，明晰农村集体产权归属，赋予农民更加充分的财产权利。这是推进农村集体产权改革的基础，也是实现乡村振兴战略的重要组成部分。

第一，在进行清产核资时要坚持“实事求是、客观公正、过程透明、结果公开”的原则，明确集体资产产权归属，将集体资产确权到乡镇、村、组集体经济组织成员集体，不能打乱原集体所有的界限，保持集体资产的完整性，维护集体经济组织及其成员财产权益，让农民共享集体经济发展成果，构建农村集体经济运行新机制。

第二，严格遵守相关政策法规和财经制度，对清产核资工作进行再动员、再部署。按照“查清、摸准、核实、亮明”的工作要求，建立农村集体“三资”监督管理系统平台，完善工作措施，加大工作力度。组织开展监督检查和成果验收工作，编写清产核资结果的总结报告，并要向全体农村集体经济组织成员公示，接受人民的监督和检查，做到不重不漏，杜绝所谓“假账”的出现。

第三，清产核资结束后，加强相关问题查处，认真查处清产核资工作中发现的问题。结合此次清产核资工作，组织力量对集体财务管理混乱的单位进行集中清理整顿。建立健全年度资产清产核资制度和报告公示制度，以后每年定期展开一次清产核资，结果要及时上报和公示。

典型案例

青海农牧产业转型升级 构建现代企业生态发展之路

青海省加快农牧业结构调整，发展青藏高原特色种植、智慧农牧业和电子商务，整合农产品种植、畜牧产品养殖、生态旅游、休闲观光、健康食品直营的农业全产业链，实现农牧产业转型升级，构建“产出高效、绿色优质、资源节约、环境友好”的农牧业现代企业发展道路。

在青海省海南州共和县倒淌河镇湖东种羊场，智慧农牧业发展得到了充分体现。由青海省三江集团有限责任公司开发的“原牧求娱”手机终端APP，在手机上建造一个实体的“开心牧场”，用线上认养、线下代养的模式，实现用户与牧场的零距离接触。同时，用户可以通过GPS项圈和实时定位监控精确掌握羊的位置和运动轨迹，并实时获知青海湖的水文、土壤等变化。“原牧求娱”手机终端APP在满足都市人亲近自然的同时，也探索了青海牧区的牛羊放羊新模式。

随着“互联网+”的不断完善，青海农牧业呈现科学化、体系化、智能化的发展态势。青海三江原牧农业股份有限公司董事长贺永平说：“通过‘互联网+’，把青海湖包括青海的生态环境的修复，让更多人参与其中，做了公益又做了生态环境保护项目。”

青海省门源种马场是一个以农牧业为主的农牧场。近年来，种马场加强种植业结构调整，在场属四牙合农业站种植青稞，在药草梁、乌兰两个农业站种植油菜，打造一站一业种植品牌。同时推广牛羊高效养殖模式，加快牲畜出栏，有效缓解草场承载压力。

距离海北州门源县浩门镇36公里处的花海鸳鸯，位于有“黄金草原”之称的皇城大草原内，是中国最美丽的六大草原之一——祁连山草原的重要组成部分，是高山珍稀水禽的自然保护区，有近百只鸳鸯随波嬉戏，也被称为“爱情鸟的乐园”。

正是由于特殊的地理位置，花海鸳鸯承担着重要的生态功能，被称为祁连山草原之肺。景区在不搞大开发、大利用的前提下，将原生态景象呈现给游客。

青海三江生态旅游有限责任公司总经理王国萍表示："立足本景区的自然生态特点和文化生态内涵，以自然生态景观和文化生态体验为依托，通过景区建设和生态保护，衔接省内农牧旅游产业链，促进全域旅游快速发展。"

（来源：央广网 2018 年 8 月 24 日）

四、促进小农户生产和现代农业发展有机衔接

自古以来，小农户始终是我国农业生产的主导力量，小农户生产一直是我国农业生产的主要形式。但小农户的生产效率不高，需要农民投入大量的精力，并且受天气、自然灾害、人为因素的影响较大。而且小农户难与大市场进行对接，缺乏市场竞争力。小农户成了农业现代化进程中的一个旁观者，降低了小农户的幸福感和参与感。2018 年 9 月 20 日，习近平总书记主持召开中央全面深化改革委员会第四次会议并发表重要讲话，会议指出："促进小农户和现代农业发展有机衔接，对巩固完善农村基本经营制度、实施乡村振兴战略具有重要意义。"

（一）推进农业生产社会化服务

农业生产社会化服务是引领小农户开展适度规模经营、发展现代农业的重要途径，对于实现乡村振兴战略发挥着重要的作用。

第一，通过政策资金引导小农户接受农业生产托管、机械化烘干等

社会化服务，与小农户签订农业生产“耕、种、管、收、卖”全程社会化服务协议。加强对先进机具的推广，重视对操作手的培训。与小农户签订作业协议，扩大服务面积，合理安排机具的使用。加快研发和推广适合小农户的农业装备、技术应用，对各试点农机化服务作业环节进行定额补助。

第二，大力发展农业生产性服务业，引导和支持市场化服务组织更多为小农户服务，如农业产前产后市场服务、金融互助合作服务、内部规范管理服务。通过补贴试点，引导小农户广泛接受农业生产托管等低成本、便利化、全方位服务，促进农业生产方式由传统农业向现代农业转变，着力实现农业增效、小农户增收。

第三，成立专项小组或聘请专家，对农作物种子质量进行专项检查，避免农户买到假劣种子。对农作物出现的症状进行确诊。根据农作物种植特点，专门选派农技专家对农作物开展技术服务，对症下药。并通过培训的方式告诉小农户农产品可能出现的症状以及预防措施。

（二）改善小农户生产设施条件

从古至今，人们的生产工具经历了一系列的变化，从木制、石制、青铜制到现在的铁制工具。但耕作方式大部分依然是人力完成，少数劳作靠畜力完成。在科技高速发展的今天，改善小农户生产设施条件，实现小农户与现代农业发展连接起来，将人们从传统的耕种方式中解放出来，提高人们的生活质量，这也是实现乡村振兴战略的重要组成部分。

1. 为小农户引进先进的农机设备

通过新闻媒介如广播、报纸、短信平台等，向农民群众宣传当前最新的先进设备。几家小农户联合起来成立农机合作社，为每个农机合作社配备新的装备，如引入动力强大的拖拉机、最新的无人机打药设备等。聘请专家，举办培训班，为农户讲解生产设备的操作流程。定期进行走访，收集农户对生产设备的反馈，并安排专人定期对设备进行检修。成立专项基金用于购买农机设备。

2. 加大农业水利电力等基础设施的扶持力度

进行周密的实地调研，采集相关信息，修建水库，清理灌溉渠道，成立专业的小组，进行实地考察，选择喷灌模式，如固定管道式喷灌模式、全移动式喷灌模式等。引导资金投入到水利电力的发展项目上。

3. 加快仓储物流设施的建设

根据仓储环境的特殊要求，如温度和湿度、光强等，选择合适的粮库位置。吸引第三方物流企业参与其中，减少仓储物流中的不必要环节。引导小农户与大型连锁超市合作，形成“直销”模式。加快粮库智能化升级改造进度，推动粮库广泛运用大数据、物联网等技术，提升粮食仓储管理信息化水平。

（三）提升小农户的抗风险能力

由于农产品的生产周期较长，受气候的影响较大，同时也受市场供求关系的影响。气候异常，极端天气频发，增加了防范的难度；在经济全球化的大背景下，市场风险的不确定性增强。小农户在这一系列的变化当中，抵挡风险的能力较差，往往预测不到即将发生的灾害。因此，提升小农户的抗风险能力，保护小农户的利益是必要的。

1. 建立预警机制

对于自然风险，通过广播、报纸、短信、互联网等新闻媒介，提醒农民群众即将到来的恶劣天气或市场波动。

通过聘请专家，开展培训活动，向小农户解释当前的市场环境和供求关系的波动。

2. 推广农业保险

通过传单、广播、报纸、短信，或者通过培训向小农户解释农业保险对于分散和转移农业风险的重要性，提高农户参加农业保险的覆盖面和受益度。成立专项基金，对保费予以补助。鼓励保险机构针对贫困地区开发保价格、保收入的农产品价格保险和特色农险产品，切实提高对小农户生产力保护。

知识链接

农业保险的种类

农业保险一般分为两类：

种植业保险

农作物保险。农作物保险以水稻、小麦等粮食作物和棉花、烟叶等经济作物为对象，以各种作物在生长期间因自然灾害或意外事故使收获量价值或生产费用遭受损失为承保责任的保险。

收获期农作物保险。收获期农作物保险以粮食作物或经济作物收割后的初级农产品价值为承保对象，即是作物处于晾晒、脱粒、烘烤等初级加工阶段时的一种短期保险。

森林保险。森林保险是以天然林场和人工林场为承保对象，以林木生长期间因自然灾害和意外事故、病虫害造成的林木价值或营林生产费用损失为承保责任的保险。

经济林、园林苗圃保险。这种险种承保的对象是生长中的各种经济林种。保险公司对这些树苗、林种及其产品由于自然灾害或病虫害所造成的损失进行补偿。

养殖业保险

牲畜保险。牲畜保险是以役用、乳用、肉用、种用的大牲畜，如牛、马、骡、驴、骆驼等为承保对象，承保在饲养使役期，因牲畜疾病或自然灾害和意外事故造成的死亡、伤残以及因流行病而强制屠宰、掩埋所造成的经济损失。牲畜保险是一种死亡损失保险。

家畜保险、家禽保险。以商品性生产的猪、羊等家畜和鸡、鸭等家禽为保险标的，承保在饲养期间的死亡损失。

水产养殖保险。以商品性的人工养鱼、养虾、育珠等水产养殖产品为承保对象，承保在养殖过程中因疫病、中毒、盗窃和自然灾害造成的水产品收获损失或养殖成本损失。

其他养殖保险。以商品性养殖的鹿、貂、狐等经济动物和养蜂、养蚕等为保险对象，承保在养殖过程中因疾病、自然灾害和意外事故造成的死亡或产品的价值损失。

3. 开展农业补贴

补贴主要用于耕地地力保护，鼓励小农户采取科学施肥用药、病虫害绿色防控和统防统治等综合措施，切实加强农业生态资源保护，自觉提升耕地地力质量，实现“藏粮于地”的目标。设立专项基金，对符合条件的小农户贷款给予适当贴息，对所扶持的小农户根据其经济能力确定贷款期限和贴息期限。

延伸阅读

1. 中共中央党史研究室：《党的十八大以来大事记》，人民出版社、中共党史出版社 2017 年版。

2. 杜楠、吕翔、朱晓禧：《美国农业现代化历程及其对中国的启示研究》，中国农业科学技术出版社 2017 年版。

3. 金海年：《2049：中国新型农业现代化战略》，中信出版社 2016 年版。

深度思考

1. 谈一谈你对党的十九大报告中“完善承包地‘三权’分置制度”这项政策的理解。

2. 谈一谈如何不断壮大农业产业化龙头企业？

第五章

强化农业科技支撑：让农业插上科技的翅膀

党的十九大报告指出："从现在到二〇二〇年，是全面建成小康社会决胜期。"然而从发展现状来看，农村仍是发展最不平衡最不充分的地方。党的十九大报告首次提出乡村振兴战略，以发展和创新的眼光推进现代农业建设。在2018年全国农业农村科技工作会议上，科技部副部长徐南平表示：实施乡村振兴战略，就是推进农业农村的现代化。创新是农业经济发展的战略支撑，必须发挥科技创新在实施乡村振兴战略中的关键作用，以创新驱动乡村振兴发展。

一、提升农业科技创新水平

创新是引领发展的第一动力，加快推进农业现代化关键在科技进步和创新，因此，要立足我国国情、农情，遵循农业科技规律，找准农业科技突破方向，着力破解制约农业创新发展的突出科技难题，以此带动我国农业科技水平整体跃升。要紧紧围绕农业现代化发展需要，大力推进农业科技产业创新，充分发挥企业在创新决策、研发投入、科研组织、成果转化等方面的主体作用，促进产学研一体化发展，加快把农业科技创新成果转化为现实生产力。要完善农业科研评价机制，引导广大科研人员把论文写在田间地头，把成果应用在农村产业发展上。要深化农业科技体制改革，加大政策、投入等支持保障力度，为加快农业科技创新营造良好条件和环境。

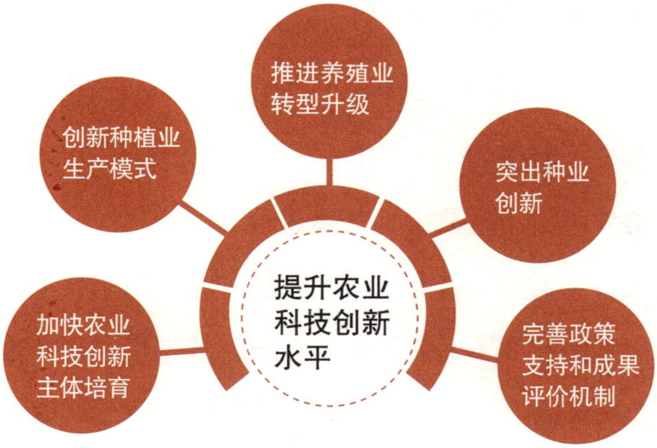

提升农业科技创新水平

（一）加快农业科技创新主体培育

农业科研院校和龙头企业是农业科技创新两类最重要的创新主体。当前，农业科研院校依然是农业科技创新的第一主体，集中了绝大部分创新人才、成果、设施、资本等创新资源，包袱沉重、机制不活、动力不强等是制约其创新能力的主要藩篱。给农业科研院校减负、给科技人员松绑，是激活创新要素的关键所在，因此，要加强并赋予农业科研院校在人员管理、收入分配、直接经费、横向经费支出方面的自主权。

龙头企业终将成为科技创新主体，这是方向，必须坚定地培育龙头企业的创新主体地位。在现阶段，人才缺失、投入不足、重利润轻研发是企业创新的短板和限制因子。所以要大力支持企业与农业科研院校联合建设工程技术研究中心、院士工作站等研发平台，推进高新技术企业税收优惠、企业研发费用加计扣除和普惠性财政奖励等政策在农业企业的落实。

（二）创新种植业生产模式

加强以稻田综合种养、水稻“一种两收”等为主的“粮食作物 +”绿色高效生态模式创新，开展饲用农作物生产和转化利用技术研究推广。落实藏粮于地、藏粮于技战略，开展耕地质量监测保护，实施果茶菜有机肥替减化肥、中低产田改良、绿肥种植等地力培肥技术措施。开展以物理防治、生物防治为主的农作物绿色防控技术模式创新推广。推进农机科技创新，突破玉米、油菜、马铃薯全程机械化生产瓶颈，研发适宜丘陵山区的多功能中小型农机具和适宜设施农业装备的配套机具。

（三）推进养殖业转型升级

加强畜禽养殖废弃物资源化利用技术创新和集成，推进规模养殖污染治理。加强渔业科技创新，提高河蟹、黄鳝、鳜鱼、小龙虾等优势品种的繁育能力，集中力量解决健康养殖模式、疾病防控、养殖自动化等现代养殖的关键问题，依托科研院所建设一批科技创新示范养殖基地。加强畜产品、水产品深加工技术创新，延长产业链，提高附加值，增强竞争力。到 2020 年，全国养殖业效率和水平再上一个台阶。

（四）突出种业创新

1. 强化种质资源的保护与利用

具体来说，要不断修订《农作物种质资源管理办法》，做到该管的管住，该放的放活，并简化审批程序，提高审批效率；要健全农作物种质资源保护体系，按照“以国家保护为主，社会保护为辅”的原则，认定一批国家级种质资源库（圃）；加大第三次全国农作物种质资源普查与收集力度；要鼓励社会资本参与种质资源鉴定创制与开发利用，探索建立有条件共享、利益按比例分配的种质资源挖掘与利用机制。

2. 全面推进良种重大科研联合攻关

深化四大作物良种攻关，加快优势特色作物良种攻关，联合开展种质资源、品种特性鉴定与品种试验示范，强化产学研用深度融合，打通上中下游链条，形成全产业链一体化的种业创新模式，加快高产稳产、绿色生态、优质专用、适宜全程机械化新品种研发与推广；针对科研育种和种子生产需要，加快专用机械、仪器设备等技术装备研发和应用，实现种、管、收、测、检、评全程机械化和智能化。

3. 做强做大创新企业

强化企业主体地位，发挥金融、社会资本作用，支持企业兼并重组、投资合作，整合优势资源，优化要素配置，提高企业育繁推一体化水平。增强企业自主创新能力，扶持企业改善科研育种条件，引进优异育种材料，开展新品种、新技术、新方法研究。支持领军企业开展水稻、玉米、大豆等种质资源鉴定挖掘工作，鼓励种业企业参与国家农作物种质资源库建设和基因测序工作。对于育繁推一体化企业，将绿色通道政策由品种审定拓展到品种保护、种质资源进出境交换等领域。

4. 强化知识产权保护

加快《植物新品种保护条例》修订，建立实质性派生品种制度、举证倒置制度，提升保护水平和效率；以水稻等作物为试点，探索实施EDV制度；针对模仿育种和品种井喷问题，研究提高品种DNA鉴定及DUST测试标准，建立审定品种、登记品种后评价机制，撤销缺陷品种的审定、登记；加强标准样品管理，健全国家品种标准样品DNA指纹图谱数据库，推进DNA指纹图谱技术在品种权保护、品种审定和品种登记中的应用；推动侵犯品种权等违法行为入刑，加大查处和打击力度。

5. 加快种业大数据建设

整合品种审定和登记、品种权保护、种子生产经营许可、市场监管等信息，建立全国统一的种业大数据平台，强化品种试验、展示示范、种子生产等环节物联网数据采集，与互联网技术集成、大数据系统分析相统一，构建空天地一体化种业数据网络，实现种子全程可追溯，管理数据化、信息化、智能化。

（五）完善政策支持和成果评价机制

要对立足于各地优势和地方特色产业发展的研究项目，予以优先保障支持。对农业应用技术研究和成果转化项目推行第三方评价，政府以竞争性项目购买服务的方式给予支持。对于易于物化的成果，采取“以奖代补”等方式给予支持。逐步建立健全以企业投入为主体，政府投入为引导，金融信贷和风险投资为支撑的多元化、多渠道、多层次的农业科技创新投入体系。

知识链接

农业大数据

农业大数据是融合了农业地域性、季节性、多样性、周期性等自身特征后产生的来源广泛、类型多样、结构复杂、具有潜在价值，并难以运用通常方法处理和分析的数据集合。农业大数据是大数据理念、技术和方法在农业的实践。农业大数据涉及耕地、播种、施肥、杀虫、收割、存储、育种等各环节，是跨行业、跨专业、跨业务的数据分析与挖掘，以及数据可视化。

根据农业的产业链条划分，目前农业大数据主要集中在农业环境与资源、农业生产、农业市场和农业管理等领域。

农业自然资源与环境数据：主要包括土地资源数据、水资源数据、气象资源数据、生物资源数据和灾害数据。

农业生产数据：包括种植业生产数据和养殖业生产数据。其中，种植业生产数据包括良种信息、地块耕种历史信息、育苗信息、播种信息、农药信息、化肥信息、农膜信息、灌溉信息、农机信息和农情信息；养殖业生产数据主要包括个体系谱信息、个体特征信息、饲料结构信息、圈舍环境信息、疫情情况等。

农业市场数据：包括市场供求信息、价格行情、生产资料市场信息、价格及利润、流通市场和国际市场信息等。

农业管理数据：主要包括国民经济基本信息、国内生产信息、贸易信息、国际农产品动态信息和突发事件信息等。

二、打造农业科技创新平台基地

农业是立国之本，更是其他经济产业和部门能够独立存在和继续发展的基础。创新经济背景下，构建农业科技创新平台已成为促进现代农业发展的必然趋势。但从建设现状看，科技创新平台仍存在诸多问题有待改进，如科研投入不足、资源配置不均衡、产学研合作不紧密等，应加快建设国家农业高新技术产业示范区、国家农业科技园区、省级农业科技园区，吸引更多的农业高新技术企业到科技园区落户，培育国际领先的农业高新技术企业，形成具有国际竞争力的农业高新技术产业。新建一批科技创新联盟，支持农业高新技术企业建立高水平研发机构。利用现有资源建设农业领域国家技术创新中心，加强重大共性关键技术和产品研发与应用示范。建设农业科技资源开放共享与服务平台，充分发挥重要公共科技资源优势，推动面向科技界开放共享，整合和完善科技资源共享服务平台。

（一）加强农业科技示范园区建设

1. 加强技术培训，利用高科技发展外向型经济

以农村种植业和中青年农民为主要培训对象，增强农民依靠科技增收致富的能力，对乡镇企业技术人员和农户的专业技能、环保知识以及质检、营销、标准化等方面进行专业技术培训。科学利用高科技现代化手段，充分利用计算机信息网络中心，加强园内外农业的信息交流，开拓园内外市场，发展外向型经济。有效利用高科技装备，优化产业结构调整，依靠科研院所技术人才优势，加快园区的建设步伐，形成区域的示

范、带动、支柱产业。

2. 引进新技术，提高农产品的科技含量

在棚室生产中引进无土栽培技术和工厂化育苗等技术，节省棚室的生产空间、提高育苗质量，减少病虫害发生，使有限的棚室空间得到最大限度的利用，同时也能节省农产品生产的成本，提高产量。

3. 成立农产品合作经济组织，提高农民组织化程度

如成立农民蔬菜生产协会等中介组织，由农民自发组织或由政府相关部门牵头形成农产品协会，对农业科技园区棚室的农户进行统一管理，统一规划，实现“产供销”一条龙，为农户谋求最大限度的经济效益，确保农民增收。

（二）加大财政支出中对农业创新技术投入占比

近年来，我国农业科研投资不断加强，投资额不断增加。然而，与农业发达国家相比仍有较大差距。因此，在今后较长一段时期内，国家应重视农业科技发展，加强农业人才培养和资金投入政策，加大资金拨付力度，完善各项环节，使农业科技创新平台建设工作能够健康有序进行。

在农业人才培养水平方面，农业教育培训需要明确“提高农业创新技术和农业经济效益的高回收率”这一核心目标，加强农业教育培训体系建设，建立健全农业创新技术教育培训体系，且要加大政府对农业教育培训的投入。我国农业创新技术的研究，应该按照政府对三农政策的指导思想，利用科技下乡、科技讲座、科普宣传、开展培训等各种方式

来实施农业科技教育培训，建立与完善以政府资金为主导、多元化、覆盖全国的农业科教体系，建立健全农业教育、科研和创新服务相互融合渗透的综合服务体系。

另外，采用政策倾斜的方式促进农业科技创新平台建设的构建。政府需要建立财政专款进行资助补贴并且采用减少税收等方式，帮助农业科技创新平台的建设和农业创新项目的多元化发展。同时，通过各种渠道为农业科技创新平台的完善提供便利，如创建专业的信息平台帮助农业信息的传递，采用专业评估机制为平台的建设提供基础措施，提供一个有利于农业科技创新平台建设与运作的良好环境。

专家观点

乡村振兴第一就是产业振兴

在发展农产品加工业方面，我们首先确定因地制宜，突出特色，生态可持续，农业增产、农民增收，还有乡村经济可持续的运营，这是关键。具体哪些项目，不同的地方会根据自己不同的情况选择，由不同的主体根据自己的效益、农民的需要、市场的需要去确定。

农产品加工业在产业扶贫方面，为脱贫攻坚发挥了基础性的作用，同时，也是为今后乡村振兴的发展发挥基础性的作用。所以，乡村振兴第一就是产业振兴。

——全国政协委员、农业农村部副部长 余欣荣

（三）加强农业技术创新平台团队建设

我国农业科技创新人才总量不足，结构不合理，创新人才匮乏。要扭转这一不利局面，就必须大力推进农业科技平台创新人才的建设。一是要着力培育农业科技领先人才和科技创新队伍，努力搞好农业科技创新平台建设；二要加强人才引进，重金吸引具有世界领先优势高端科研人才；三要建立人才激励机制。科研人员的收入应以提高工资分配的激励为基础，突出岗位绩效激励，真正按照科研人员的贡献取酬。同时，科研奖励制度的建立也应为真正从事科学研究并取得科技成果的高科技人员而服务。在对农业创新科技平台的不断探索与思考中，不断对农业创新技术的研发工作进行深入改革，提升农业科研人员对农业创新理念的普及程度，提高农业科研人员和农产品种植者的适应能力。

（四）完善农业科技平台政策制定，创建良好运作环境

就目前来看，我国在农业发展的法律法规方面已有较为完善的政策体系，这对我国农业的可持续发展具有较大的推动作用。然而，由于农业科技工作自身的特点，农业科技创新在整个农业体系的发展中具有重要地位和特殊作用，其自身的特殊性决定了我国农业科技创新的发展不能以一般的农业资源相看待，我国的农业科技创新的发展必须要有独立的政策体系。在政策制定方面，要扩大农民、专家、学者及民间力量在地方特别是县级以下科研机构的参与作用，充分发挥他们的主体作用，形成各方利益表达充分、利益诉求充分考虑的结果，改变以往基本由政府主导制定科技政策的格局。

（五）增强各方资源共享、协同创新能力

一要在政府主导下加大对农业科研资金的投入，逐年加大政府财政支出中农业科技投入的比重，建立完善的研究课题，完善现有监察机制，进行有效的资源整合和建立资源共享、协作创新机制。根据现代农业发展的新阶段和新形势，构建农业科研院所、涉农院校、涉农企业联合经营的多元化农业技术创新体系。通过多种形式、多渠道开展农业科技创新活动。

二要通过构建农业科技创新平台，发挥现代农业科技示范园区的示范、辐射和带动作用，促进现代农业的推广应用，从而提高现代农业科技含量，促进现代农业发展。农业科技创新技术平台还应重视第三方机制的使用。因此，在政府主导的前提下，也可以采用第三方推荐机制。通过第三方机制将科技资源和信息进行集中和共享，这样就在拓宽了研究方向的基础上降低了科研成本。第三方机制成为院校企间的监察管理机构，可以将农业科技创新的主体在项目开展之前进行知识产权的明确化，同时可以对知识产权中的利益进行合理分配，可以充分调动高校和科研机构研究构建农业科技创新平台积极性，实现科研机构和高校间的深度合作，真正实现各创新主体之间的资源共享、协同创新。

（六）丰富农业科技创新平台构建组织形式

在“三农”问题中，我国一直把科技创新当成解决问题的根本方法，农业科技创新平台建设是我国科技创新体系的重要组成部分之一。在政府的指导下，加大农业科技研究中的资金投入，营造良好的农业创新技术研究氛围，提高专业人员素养，加强科研团队建设，完善监管体系，

加快农业科技创新平台的构建进程，有利于优化整合农业科技资源、推进农业产业经济可持续发展、提高我国农业科技创新能力，对增强国家农业科学技术综合实力具有十分重要的意义。

丰富农业科技创新平台构建组织形式，一方面，要搭建企业、社会组织和农民个体户为创新主体的农业科技创新平台，建立政府科研单位、大中专农业院校和企业研发单位为主的科技创新平台及建立集约化的农业科技推广平台，以此来建立社会组织为主体，政府农业研发部、大中专院校及农业推广部为两翼的农业科技创新体系。另一方面，还需建立产学研相结合的农业科技创新平台。产学研相结合，是促进农业科技与农业经济相结合的良好形式，产学研平台的建立有助于更好地建立农业科技创新体系，更好地促进农业科技创新平台的建设工作。

知识链接

农业科技园建设的基本原则

深入贯彻落实党的十九大报告关于“实施乡村振兴战略”精神和2017年中央一号文件关于“提升农业科技园区建设水平”要求，落实《“十三五”国家科技创新规划》和《“十三五”农业农村科技创新专项规划》要求，进一步加快国家农业科技园区创新发展，科技部、农业部（现为农业农村部）、水利部、国家林业局、中国科学院、中国农业银行共同制定了《国家农业科技园区发展规划（2018—2025年）》，其中规定了农业科技园建设的基本原则。

坚持创新引领

深入实施创新驱动发展战略，以科技创新为核心，大力强化农业高新技术应用，培育农业高新技术企业，发展农业高新技术产业，建设一批农业高新技术产业集聚的园区，统筹推进科技、管理、品牌、商业模式等领域全面创新。

加强分类指导

根据各地区的资源禀赋与发展阶段，立足区域农业生态类型和产业布局，对园区进行分类建设和指导，促进区域特色优势产业集聚升级。

强化示范带动

创新完善园区核心区、示范区、辐射区之间的技术扩散和联动机制，增强园区科技成果转移转化和辐射带动能力，提高农业生产的土地产出率、资源利用率和劳动生产率。

发挥“两个作用”

更好地发挥政府的引导作用，集成科技、信息、资本、人才、政策等创新要素，加大对园区支持；更好地发挥市场在资源配置中的决定性作用，调动园区与高等院校、科研院所、企业、新型经营主体等各方面的积极性。

三、加快农业科技成果转化应用

当前，我国的农业发展方向已经从主要追求产量和依赖资源消耗转变为质量效益并重，注重提高竞争力和可持续发展上来。为此，中共中央、国务院印发的《乡村振兴战略规划（2018—2022年）》指出“深入实施创新驱动发展战略，加快农业科技进步，提高农业科技自主创新水平、成果转化水平，为农业发展拓展新空间、增添新动能，引领支撑农业转型升级和提质增效。”

（一）加快建立技术转移机构，实现科技成果市场价值

改革开放以来，我国科技迅速发展，技术交易日趋活跃，但也面临着技术欠缺、人才缺失等问题。为此，2017年9月，国务院印发的《国家技术转移体系建设方案》指出：“建设和完善国家技术转移体系，对于促进科技成果资本化产业化、提升国家创新体系整体效能、激发全社会创新创业活力、促进科技与经济紧密结合具有重要意义。”

知识链接

农业科技成果转化资金的支持对象和支持方式

农业科技成果转化资金的支持对象主要为农业科技型企业。

根据农业科技成果转化项目和项目承担单位的特点，转化资金分别以贷款贴息、无偿资助、资本金注入方式给予支持。

贷款贴息：对已具备一定产业化能力，具有市场前景，有望形成一定规模、取得一定效益，并已落实银行贷款的转化资金项目，采取贷款贴息方式给予支持。转化资金贴息金额原则上不超过第一年到位贷款所应支付银行利息的总额，并视不同情况予以贴息。

无偿资助：对具有较大社会和生态效益，或不易直接取得市场回报的农业科技成果的转化资金项目，采取无偿资助方式给予支持。转化资金资助总额一般不超过200万元，重大项目不超过300万元。申请无偿资助的转化资金项目，申请单位应匹配一定的自筹资金。

资本金注入：主要用于支持有较高技术水平和后续创新能力，对农业和农村经济结构调整，及行业技术进步有较大促进作用，有望形成新兴产业的项目。

有关资本金注入项目的申请、立项及管理，参照科技部、财政部关于科技型中小企业技术创新基金资本金投入的有关规定。

对申请贷款贴息和无偿资助的转化资金项目，项目实施周期一般不超过二年。

在技术研发方面，要充分发挥企业、高等院校、科研院所等创新主体在技术转移中的作用，鼓励企业、高校、科研机构等创办或者联办具有企业法人实体、实行市场化运作的新型产业技术研发机构，着力解决科技成果产业化的瓶颈问题。以统一开放的技术市场为纽带，以技术转移机构和平台为支撑，通过研发合作、技术转让、技术许可、作价投资等多种形式，建成技术转移体系的基础构架，实现科技成果市场价值。

同时要增强技术转移体系的辐射和扩散功能，推动科技成果有序流动、高效配置，引导技术与人才、资本、企业、产业有机融合，加快新技术、新产品、新模式的广泛渗透与应用。在此基础上，拓展国际技术转移空间，在技术引进、技术孵化、消化吸收、技术输出和人才引进等方面加强国际合作，加快推进中国与国际的农业科技协作网络建设，建立中国—国际农业科技交流与合作的长效机制，积极拓展中国—国际技术转移协作网络，探索建立面向全球的网上技术市场运营模式。

在人才培育方面，要完善多层次的技术转移人才发展机制。加强技术转移管理人员、技术经纪人、技术经理人等人才队伍建设，畅通职业发展和职称晋升通道。支持和鼓励高等院校、研究开发机构设置专职从事技术转移工作的创新型岗位，绩效工资分配应当向作出突出贡献的技术转移人员倾斜，鼓励退休专业技术人员从事技术转移服务。

（二）加快农业绿色技术的发展，加强集成应用和示范推广

2018 年 7 月，农业农村部印发的《农业绿色发展技术导则（2018—2030 年）》指出："推进农业绿色发展是农业发展观的一场深刻革命，对农业科技创新提出了更高更新的要求。"在新技术下培育农产品的过程是纯绿色、无污染的，不存在化肥污染和水污染的现象。因此，面向绿色兴农重大需求，要加大绿色技术供给。

首先，要坚持"空间优化、资源节约、环境友好、生态稳定"的原则，把农业绿色发展摆在生态文明建设全局的突出位置，全面建立以绿色生态为导向的制度体系，加快形成与资源环境承载力相匹配、生产生活生态相协调的农业发展新格局。

其次，要加强科学研究，加大绿色技术研发投入力度，各级政府要制定相应的政策，引导工商资本和社会资本流向绿色技术的研究与开发，支持具有较强自主创新能力和高增长潜力的科技特派员入驻企业进入资本市场融资，鼓励引导专业技术人员到开发岗位中去。创新绿色农业技

术的推广体制机制，遴选推广绿色环保、节本高效的重大关键共性技术，提高农业绿色发展技术应用水平。

最后，要推进监测预警。建立完善农业面源污染监测网络，实现农业环境监测的常态化和制度化运行，构建长效的监测预警机制，及时掌握农业面源污染动态变化。加强农业资源环境监测体系能力建设，提升例行监测、应急处理能力。

专家观点

大力推动农业绿色发展 支撑乡村振兴战略实施

当前是大力发展绿色农业的战略机遇期，推动农业绿色发展是“五位一体”总体布局在农业上的具体体现，是实现生态文明建设的需要，是长期保障国家粮食及农产品供给安全的需要，是不断增加农民福祉，推动农业农村现代化的需要。因此，我们对绿色增产增效技术集成模式工作进行了调整，改为绿色发展技术集成模式研究与示范，绿色发展要求我们在技术的创新、集成、示范方面都要围绕农业绿色发展来开展工作，要不断优化绿色发展的空间，在农业发展格局的优化上要加大科技创新，要在生态循环农业模式上加大科技创新，要在探索农产品优质绿色上加大科技创新，要在发展绿色功能上加大科技创新，要在围绕农业农村部的绿色发展五大行动上推动科技创新。

绿色发展技术集成模式研究与示范工作要实现创新技术与集成技术相结合、集成示范与转化推广并举、院内集成与院外集成相统筹、工作形式与工作内容相统一，在实施过程中要做到团队和首席专家等人员落实到位、集成的技术落实到位、示范基地落实到位、技术在示范点的指导服务落实到位、示范推广与转化应用落实到位、第三方评估评价落实到位、工作经费落实到位。要大力推动工作机制创新，明确牵头单位、参加单位、首席专家、团队的职责，要加强过程管理与服务，加强考核评价，为我国乡村振兴战略的实施提供强有力的科技支撑。

——中国农业科学院原党组书记 陈萌山

（三）健全基层农业技术推广体系，创新公益性农技推广服务方式

在对基层农业进行推广的过程中，首先要解决的是经费问题。各个地区单位要根据当地农技推广工作的需要，将基层农技推广机构的人员和工作经费列入财政预算，并随财政经常性收入的增长而同步增长。并且要对农业技术进行一定程度培训，要确保培训活动有足够的经费，对农户进行资金上的支持。

另外，随着科学技术的不断进步，农业也在不断发展，各级政府要根据不同地区的需求，探索不同的农业推广模式，提高农民的参与程度。通过建设一批区域代表性强、科技水平高、辐射范围广、运行机制畅的示范基地，充分发挥集成创新、集中示范、物化推广、教育培训、引领带动等作用。

此外，还要建立健全管理和考核制度，各个地区要制定科学合理的考评办法和绩效考评制度，负责指导各地组织实施。各地要建立健全县

级农业主管部门、乡镇政府、服务对象三方共同参与的考评机制，将基层农技推广人员的工作量和入户推广技术实绩作为主要考评指标，将农民群众对农技人员的评价作为主要考核内容。

（四）落实农业科研成果转化的相关政策

根据NASA（美国国家航空航天局）的数据统计，从2000年到2011年，我国有6万多项农业科技成果产生，但达到成熟应用阶段的只有2万项左右。为促进科技成果转化为现实生产力，规范科技成果转化活动，加速科学技术进步，推动经济建设和社会发展，各级政府要制定和落实农业科研成果转化的相关政策。

首先，强化政策的落实，全面贯彻落实相关农业政策，推进全面创新改革试验点，及时总结推广激励科技成果转化政策方面的成功经验。科技成果转化活动应当有利于加快实施创新驱动发展战略，并且应当尊重市场规律，在转化中的知识产权要受到法律的保护。

其次，批准企业建立的国家级和省级工程技术研究中心、企业重点实验室、企业技术中心、工程中心，由企业据实报送相关资料，其科技人员实际发放的工资额在计算应纳税所得额时可据实扣除。鼓励和允许企业从科研成果转化产生的经济效益中，按比例提成奖励核心技术和自主知识产权所有人。对核心技术、自主知识产权研发有重大贡献的科技和管理人员，企业委托省外或与省外合作开发先进技术的相关费用，可按规定享受加计扣除的税收优惠政策。

农业科技成果的最终使用者是农民，农民科学素质的高低，也直接影响农业科技成果的转化，因此还要不断刺激农民对农业科技成果的需求。地方政府一方面应当根据农村和农民实际需要，发展农村职业技术教育，建立完善的农民教育与培训体系，加强农村科技知识的普及力度；另一方面要采取形式多样的组织方式，对新技术、新知识进行广泛有效地宣传，培养农民对新技术、新知识的认知能力，逐步提高他们对新技术、新知识的采纳能力。

延伸阅读

1. 袁春新、唐明霞：《南通农业科技创新战略：基于供给侧结构性改革的研究》，中国农业科学技术出版社 2018 年版。

2. 左停、旷宗仁、高晓巍：《中国农业科技创新发展研究》，中国农业大学出版社 2015 年版。

3. 2012 年中央一号文件：《关于加快推进农业科技创新 持续增强农产品供给保障能力的若干意见》，人民出版社 2012 年版。

深度思考

1. 如何理解加快农业科技创新主体培育对提升农业科技创新水平的重要意义？

2. 针对我国目前农业科技创新人才总量不足、结构不合理、创新人才匮乏等问题，谈一谈如何有效加强农业技术创新平台团队建设？

第六章

完善农业支持保护制度：让农民种地不吃亏

中共中央、国务院高度重视“三农”问题，按照工业反哺农业、城市支持农村和多予少取放活的基本方针，逐步加大对农业农村的财政投入，中央出台实施了一系列强农惠农富农政策，取得了粮食连年增产、农民收入连续增长的显著成效，对推进我国农业农村经济发展、促进农业增效和农民增收都发挥了很好的作用。但随着形势的发展，项目分散、财政资金使用效益不显著等问题越来越突出。完善农业支持保护制度，更大限度地发挥政策的积极作用，避免消极作用，达到保护农民种粮积极性，促进农民增收、农业增产、农村和谐的目标，是政府和社会关心的重大问题。

一、加大支农投入力度

党的十八大以来，财政部始终把“三农”作为支出的重中之重，不断加大投入力度，拓宽投入渠道，健全政策体系，创新体制机制，强化资金管理，为农业农村经济发展作出了积极贡献，为完成党的十九大报告中提出的“实施乡村振兴战略”目标任务打下了坚实基础。

（一）加大财政对农业的投入力度

1. 确保财政支农投入稳定增长

要认真贯彻落实《中华人民共和国农业法》的相关规定，确保各级财政每年对农业总投入的增长幅度高于财政经常性收入的增长幅度；落实中央经济工作会议提出的各项政策，促进各级财政加大对农业和农村的投入。新增财力要向农业倾斜。要认真搞好农业项目前期准备工作，积极利用国债资金，争取国家投资支持。

2. 合理划分中央和地方政府财政在农业和农村发展中的事权

在投资责任方面，总的原则是按照项目规模和性质实行分类管理。凡属地方项目或中央补助投资的地方性项目，其投资、建设、管理和职责完全下放给地方；属于中央项目的，其投资、建设和管理均由中央政府或有关部门负责，也可通过某种方式委托地方建设或管理。建立规范的政府财政支农资金管理制度，包括项目的立项、选择、实施、竣工、后续管理等整个资金运行全过程管理的规范化。

3. 理顺农业投入管理体制，提高投入效率

打破现行多部门分散管理的体制，重新整合资金管理部门，按资金使用类别适当集中，统一事权和财政，尽可能减少同一项目多头投入局面的出现，利用有限财力对农业进行高效率的支持和保护。

（二）建立多元化农业投入体系

第一，充分发挥财政支持和导向功能。为了提高农业对社会资本投资的吸引力，需要通过发挥农业财政支持和导向功能，进一步建立农业投入的激励机制。

第二，深化农村金融体制改革，使农业信贷增长率高于各项贷款平均增长速度，增加对农田水利等基础设施建设的中长期信贷投入。组织

落实为农业综合开发服务的加工、储藏、运输等售后服务项目，特别是兴办龙头企业和高新技术项目的各项专项贷款，并根据农业投资项目风险大小和利润高低，给予相应的利率优惠。

第三，政府可以通过担保、政策优惠等方式，按照“谁投资，谁受益”的原则，积极引导农村集体经济组织和广大农民增加投入，继续实行以工补农、以工建农。

第四，优化农业发展环境，积极开展招商引资。采用政府财政补助、财政贴息以及在税收、土地、信贷方面对农业投资给予优惠等政策和办法，吸引民间资本、工商资本、外商资本投向农业领域。

（三）优化财政支农资金结构，提高政府财政支农效率

1. 加强农业基础设施和生态工程建设，提高农业综合生产能力和可持续发展能力

推进防洪保安工程体系建设，继续抓好大中型水库的除险加固工程，加快骨干河道、堤防治理，提高防洪能力；抓好以改善农村生产生活条件和增加农民收入为重点的农村中小型基础设施建设。以全面建成小康社会为目标，扩大以工代赈规模，通过国家出钱、农民出力的方式，加大对节水灌溉、旱作农业、人畜饮水、乡村道路、农村水电、农村沼气、草场围栏等农村中小型基础设施建设的支持，组织和发动亿万农民投身到改善自身生产生活环境的事业中来。

2. 注重对农业科技研究、引进和推广的投入

农业科技进步与创新是新时代农业发展的第一推动力，也是提高我

国农产品竞争力、促进农民增收的关键。农业科技投入具有公共物品的性质，政府财政投入在很多情况下比私人投资更为有效。因此，政府应注重对农业科技的研究、引进和推广的投入，大幅度增加农业科技投入，尤其在基础研究和应用研究方面。要广泛开展农业科技创新与应用推广，提高农业生产技术水平，促进农业生产方式转变。农业科技推广的重点是加强县级推广部门建设，构建起“以县为主”的基层体系，充分发挥县级站承上启下的作用。

3. 增加对教育等公共事业的投资，促进农村社会事业全面发展

适应农村税费改革后的新形势，按照公共财政原则，明确政府在农村社会事业发展方面的责任，把农村公共领域的事业建设纳入政府支持的范围。省、市、县财政每年新增的教育、卫生、文化等事业发展经费，主要用于农村，进一步加大对农村基础教育、文化设施、农村公共卫生和基本医疗服务设施的支持力度，加快建立起以人为本的公平、合理、有效的农村公共物品供给机制，逐步缩小城乡差距，推进农村小康建设。

4. 加快农产品质量标准、检验检测和认证体系建设

安排财政专项资金，抓好农业标准的制定修订工作，加快与国际标准接轨，形成较为完善的农产品生产、加工、流通全过程的质量标准体系；整合资金，合理布局，加快省、市、县三级农产品质量检验中心和速测站建设，尽快建成专业齐全、分工明确、方便快捷的检验检测网络，实现农产品质量全程控制；加强有机食品、绿色食品认证管理和服务机构建设，搞好宣传培训和认证服务，引导和帮助更多的企业申报有机食品和绿色食品。大力推进无公害农产品产地认定工作，切实搞好无公害

农产品认证。

（四）完善我国农业补贴政策，建立有效的农业支持机制

1. 增加对农民和优势农产品生产的直接补贴，调动农民的生产积极性

直接补贴方式具有操作简便易行、收益面广、公开透明、政策成本较低等特点。当前，对农民的补贴，要以保护粮食综合生产能力为政策目标，重点对粮食主产区种植粮食、对社会提供商品粮食的农户实施补贴，避免按地亩补。切实增加对优势农产品的生产性补贴，包括：良种推广补贴、标准化生产补贴、农业生产保险补贴、生产贷款贴息、农业专业合作经济组织补贴等。对从事优势农产品生产、加工和营销的农民专业合作经济组织给予一定运行补贴。增加退耕还林、退牧还草、小流域治理等生态环境的保护性补贴，加大农业机械更新、动物疫病防治等农业生产性补贴。

2. 着眼于我国农业整体素质和国际竞争力的提高，加大“绿箱政策”支持力度

“绿箱政策”是世界贸易组织（WTO）《农业协议》中免于减让承诺的各种不会导致农产品价格扭曲的支持政策，包括政府的一般农业服务、农业基础设施、粮食安全储备设施、粮食援助补贴、与生产不挂钩的收入补贴、收入保险计划、自然灾害救济补贴、农民退休或转业补贴、农业资源储备补贴、农业结构调整补贴、农业环保补贴、地区援助补贴，共 12 大项，有几百条细类。美国等发达国家和地区十几年来充分运用

"绿箱政策"，提高了农业的竞争力。

3. 建立有效的"黄箱政策"保护机制，构建农民收入安全网

"黄箱政策"是世界贸易组织（WTO）《农业协议》限制使用的政府对本国农业的保护性补贴，包括农产品的价格干预和补贴，种子、肥料、灌溉等投入品的补贴，农产品营销贷款补贴等。近几年国家对农业的"黄箱"补贴有所上升，但补贴的空间仍很大。

4. 建立农业灾害保障机制

农业生产在很大程度上依赖于自然条件，特别是地理和气候条件，同时在一定程度上依赖于当地的经济和技术发展水平。作为支持与保护农业的重要手段，政府需建立与完善农业保险法规制度，应采取以政府组建农业保险公司为主的政策性农业保险经营模式。农业保险基金由政府财政补贴和农户投保费构成，对农业保险公司的经营管理费用和保险费给予财政补贴，并实行免税政策。

二、深化重要农产品收储制度改革

农产品收储制度，其核心是粮食收储制度；而粮食收储制度改革的方向，简单来说就是八个字——市场定价、价补分离。要让价格真正反映供求关系的变化，让稻谷、小麦等主要农产品价格由市场定，形成以市场为主导的粮食价格体系。我国农业政策也会由过去以价格支持和干预为主，逐步转向以直接补贴的"绿箱政策"为主，从而使生产出来的农产品都是有效供给，与农产品的需求结构相匹配。

（一）落实粮食补贴政策，确保“有人种粮”

1. 构建粮食优势主产区，稳定粮食生产能力

坚持藏粮于地、藏粮于技，严守耕地保护红线，加强粮食优质高产技术的研究和推广，推广良种良法配套、测土配方施肥等新技术应用，不断提升农产品单产和品质。

2. 建立“优质优补”粮食补贴机制，保障种粮农民合理收益

按照供需紧平衡原则，当地政府下达粮食种植指导计划，种植指导计划与市场需求和粮食库存水平相挂钩，实行动态调整，实现供需动态平衡。按照“优质优补”原则，在现行耕地地力保护补贴基础上，提高指导计划内种植粮食耕地的地力保护补贴标准，新增资金从原粮食直补资金渠道中调剂解决。

3. 加强粮食生产保险工作，创新粮食收入保险

坚持把粮食作物作为农业保险的保障重点，按照种粮农民“愿保尽保”与投保标的“应保尽保”有机结合的原则，不断提高粮食保险参保率。试点推广粮食完全成本保险，将人工成本、土地流转成本等纳入保险保障范畴，有效提升保险保障水平。创新开展粮食收入保险，推动保险保障覆盖生产灾害风险、市场价格风险，积极助力种粮农民稳收增收。

（二）鼓励多元主体入市收购，确保“有人收粮”

1. 发挥国有粮食企业的主导作用

支持国有粮食收储企业带头执行收购政策，积极入市收购，坚决守

住不发生大面积“卖粮难”底线，维护粮食流通秩序。稳定市场价格，保护粮农利益，保障粮食供应，确保粮食安全。

2. 积极引导多元市场主体入市收购

积极采取有效措施，支持具有粮食收购许可证的加工企业入市收购，并出台融资担保、贷款贴息等政策，支持企业通过订单收购、预约收购等方式，与种粮农民、种粮大户、农民合作社、家庭农场等经营主体建立长期稳定的合作关系，推动形成多元主体积极参与收购的粮食流通新格局。

3. 优化粮食仓储资源配置，做到“有仓收粮”

全面实施粮食收储供应安全保障工程，帮助企业积极争取粮食仓储设施建设资金，对“危仓老库”进行全面维修改造和功能提升，加大晒场、清理等设施设备投资力度，加快粮库智能化升级改造，推广普及粮情自动监测、机械通风、内环流等先进储粮技术和信息化手段。引导国有粮食企业通过参股、融资等多种形式，发展混合所有制经济，放大国有资本功能，扩展粮食仓储服务范围。鼓励粮食企业按品种分等级分仓储存，支持经营企业建立一批集收购、烘干、加工、配送、销售等于一体的产后服务中心，为种粮农民提供服务，促进粮食提质减损和农民增收。充分利用现有国有粮食企业仓储设施，为新型农业经营主体和农户提供粮食产后服务，为粮食加工企业提供仓储保管服务，为“互联网 + 粮食”经营模式提供交割仓服务，为城乡居民提供粮食配送服务。

4. 大力发展粮食产业经济，促进全产业链发展

粮食企业要积极参与发展“产购储加销”一体化模式，构建从田间到餐桌的全产业链。大力实施“优质粮食工程”，发展“主食产业化”，抓好“中国好粮油”行动，推进粮食质量安全检验监测体系建设和粮食产后服务体系建设，促进粮食产业创新发展、转型升级和提质增效。

知识链接

主食产业化

主食产业化，是指按照一定的规范和标准，以现代科学技术成果，提升传统食品工艺；用机械化、标准化、规模化生产，代替散乱的手工和半手工加工；设计和引入现代营销理念，构建从农业种植到居民饮食消费的全产业链体系，创造新型的现代主食产业。

1. 主食的定义

主食是指供城乡居民一日三餐消费、满足人体基本能量和营养摄入需求的粮食主食品，包括米饭、馒头、面条、杂粮等主食制品，以及大米、小麦粉等主食原料。

2. 主食判定标准

从严格意义上讲，同时符合四条标准和要素的食品，可以称为主食，即满足人体基本能量和营养需求，一日三餐使用频率高，对主要粮食转化量大，食用人口比重大。

中国主食主要包括四类：面制品主食，面条（挂面、鲜湿面、方便面）、馒头、饺子、包子等；米制品主食，米饭、米线（粉）、

粥品等；速冻米面制品主食，汤圆、饺子、面条、粽子等；杂粮主食。

3. 主食的概念延伸

随着食品加工工艺的不断进步，以及消费需求的多样化，主食品种和式样逐步丰富。同时由于在生活和生产中，“主食”与“主粮”的概念相对模糊，故而认为由小麦、稻谷等主粮加工的食品均为“主食”，因此产生了“泛主食”“类主食”等广义主食概念。从工业的角度看，也将大米、面粉等主食基本原料归入主食概念。

（三）建立粮食市场化收购信贷资金保障机制，确保“有钱收粮”

1. 发挥中国农业发展银行保障粮食收购贷款供应主渠道作用

积极支持中国农业发展银行履行政策性银行职能，做强粮油贷款主业，发挥粮食收购资金供应主力军作用，坚决守住粮食收购资金保障底线，防止因收购资金不到位而出现大面积“卖粮难”和“打白条”问题。

2. 严格落实粮食收购贷款利息补贴制度

为鼓励订单农业发展，对国有粮食企业和规模加工企业与农民或新型农业经营主体签订粮食种植订单合同，并按照合同履行收购义务的，对收购贷款利息给予补贴。贴息方式包括地方财政向承贷银行支付利息和向企业兑付利息补贴两种方式。具体补贴标准和方式由地方粮食、财政、中国农业发展银行等部门研究确定。

3. 推动建立粮食收购多元化融资机制

按照粮食安全县长责任制要求，引导和支持政府性融资担保公司、金融机构加大对粮食收购企业的信贷支持力度，解决市场化条件下粮食收购资金保障问题。在做好风险防范的前提下，积极引导辖区银行业金融机构开展粮食收购企业厂房、土地抵押和存单、订单、仓单、应收账款质押等融资业务。

专家观点

履行政策性银行职能 促进现代农业发展

中国农业发展银行的业务重点有以下五个方面，也就是五个全力服务。第一个是全力服务国家粮食安全，坚定不移落实国家粮棉油的收储政策，保护农民利益，维护市场稳定。第二个是全力服务农业现代化，支持高标准农田建设，重大水利建设，农村土地流转和自主规模经营。第三个是全力服务城乡发展一体化，支持新型城镇化，农村路网生态环境建设。第四个是全力服务国家区域发展战略，围绕一带一路，京津冀协同发展，自贸区，跨省经济合作区，国家省级农业示范区等重大发展战略。第五个是全力服务国家的扶贫攻坚，以国家的扶贫县为战场，创新金融扶贫机制，积极支持异地扶贫，基础设施建设，特色产业发展，旅游扶贫等专项扶贫。

支持“三农”现代化的主要途径有：一是积极支持国家高标准农田建设，农村土地整治，中低产田改造，改善农业生产基础设施。二是积极支持农村土地流转和规模经营，转变农业生产方式。努力实现农业的规模化、机械化，实现农民的职业化，解决谁来种地问题、如何种地问题。三是积极支持龙头企业新型农业主体，通过“公司＋农户”等各种方式延长产业链条，促进农村一二三产业融合发展。四是积极支持农产品流通体系和社会化服务体系建设，促进城乡协同发展。

——中国农业发展银行 栗华田

（四）加强粮食宏观调控，确保“有人管粮”

1. 严格落实粮食安全县长责任制

压实县人民政府保障粮食安全的主体责任，发挥考核指挥棒作用，将落实粮食种植指导计划情况列入粮食安全县长责任制，对落实播种面积，生产者补贴进行考核，提高考核权重。完善粮食扶持政策，抓好粮食收购，保护种粮农民积极性；健全粮食质量安全保障体系，落实监管责任；大力推进节粮减损，引导城乡居民健康消费。

2. 加快信息化建设，提升市场信息服务水平

强化粮食预警监测，建立数据精准、监测及时、运转高效的粮食监测预警体系。健全粮食生产、流通、加工和消费调查统计体系，落实粮食经营企业统计报告制度，建立经营台账，定期报送统计数据。加强对农民、经纪人、收储及加工企业等多元市场主体的信息服务，积极发挥市场信息在实施供给侧改革、服务宏观调控中的引导作用，切实提高信息服务水平。

3. 压实粮食流通属地监管责任

加快建立以信用监管为核心、企业自我约束为目标的行政监管体制，构建以粮食行政管理部门监管为主导，市场自律为基础，协作协同监管

为补充，社会共治为保障的多元化粮食市场监管新格局。推广“双随机一公开”工作机制和“四不两直”工作方法，加强粮食收购、储存、运输、加工和销售等环节及经营活动中粮食质量安全以及执行国家粮食流通统计制度的监督管理。组织实施收购和储存环节粮食质量安全监测，排查粮食质量安全隐患，适时发布粮食质量安全信息。建立粮食经营者粮食质量安全信用档案和粮食质量安全追溯制度。加强对药剂残留、真菌毒素、重金属超标粮食的管控，建立超标粮食处置长效机制，防止不符合食品安全标准的粮食进入口粮市场。

4. 严格执行粮食经营、加工企业最低、最高库存制度，鼓励企业保持合理商品库存

对粮食经营和加工企业根据其生产经营条件，核定最低、最高库存量标准。在粮食市场供大于求、价格下跌幅度较大时，从事粮食收购的粮食经营企业最低库存量标准为上年度月均收购量的 10%，从事粮食加工的粮食经营企业的原粮最低库存量标准为上年度月均加工量的 10%，成品粮最低库存量标准为上年度月均销售量的 5%；在粮食市场供不应求、价格上涨幅度较大时，从事粮食收购的粮食经营企业最高库存量标准为上年度月均收购量的 20%，从事粮食加工的粮食经营企业的原粮最高库存量标准为上年度月均加工量的 20%，成品粮最高库存量标准为上年度月均销售量的 10%。粮食行政管理部门依法对企业执行政策情况进行监督检查，防止囤积居奇，恶意炒作。

专家观点

重塑粮食产业经济，应有“三化”思维

当前，人们对粮食的消费需求已从“吃饱”的总量要求，转向“吃好”的提档升级阶段，这给粮食产业带来巨大机遇，也带来战略性转型要求，必须全面实现“产购储加销”一体化，构建从田间到餐桌的全产业链和价值链。要做到这一点，应有“三化”思维：第一，必须通过制度与政策创新，实现粮食的市场化，这是粮食产业经济发展的基础；第二，推动发展方式的转型，粮食企业要从资源型、博弈型转变为创新型、共享型，实现粮食经营的一体化；第三，加快全球布局，实现粮食的国际化。一个大国，最终必须建立一个与之经济总量、收入水平和市场容量相匹配的全球粮食体系。

粮食企业都应从粮食收储、物流、贸易的资源型博弈竞争型模式，向综合服务、创新、共享模式转型，横向上向“十位一体”延伸；纵深上向“四位一体”拓展。

要抢抓“一带一路”机遇，融入农业国际合作新格局和全球农业食品贸易投资新体系，通过合作驱动，实现资源互补、产能合作、市场互惠、发展共赢。农业仍然是包括中国在内的发展中国家的基础支撑，农业产业体系融入“一带一路”建设，不仅有利于解决其粮食安全保障和农民增收问题，还能够扩大农产品出口，增加全球供给，将促进中国与沿线国家农业共同受益、共同发展。

——国家粮食局专家咨询委员会专家、中国粮食经济学会副会长、同济大学经济与管理学院教授 程国强

三、提高农业风险保障能力

党的十九大报告坚持问题导向，正视我国农业农村发展的阶段性特征和面临的突出问题，在系统总结和升华以往重要农村战略的基础上，明确提出要坚持农业农村优先发展，实施乡村振兴战略。实现乡村振兴首先就要解决农业风险保障问题，建立以农业保险为主体，以灾害救助为辅助，以风险预警、干预、教育等风险管理方式为补充的农业风险管理体系，是促进农业生产持续稳定发展和农民收入保持稳定增长的重要举措。

（一）完善农业保险制度

1. 调整和明确政府职能，真正发挥市场的资源配置作用

在坚持市场决定资源配置的导向下，政府逐渐减少直接干预农产品价格的行为。政府应强化职能转变，简政放权，激活有效市场，加强宏观调控能力，发挥好政策“指挥棒”和“导航仪”的作用，建立健全政策执行体系和保障措施，形成支撑有力、保障有效的农业保险政策支撑体系。首先，要加大财政补贴农业保险的力度，不断完善农业保险补贴制定。一方面，要在现有农业保险补贴政策下，加大补贴力度，提高保险补贴比例，扩大保险补贴范围，以激励保险机构提高农业保险产品的保障额度和丰富农业保险产品种类。另一方面，创新农业保险补贴方式，向农业保险机构提供经营费用补贴，提高农业保险机构经营的积极性，增强农业保险产品供给能力。其次，提高政府的基础信息服务提供能力。大数法则是农业保险经营的基础，而大量、翔实的基层信息数据是实现大数法则的基础，由于基础信息服务是准公共物品，所以要不断增强地

方政府提供基础信息服务的能力，促进地方农业保险水平提升。另外，地方政府所属各部门要通力协作，共同做好农业保险的经营工作，不断强化政府基础信息服务的提供能力。

2. 搭建以产品和经营模式创新为主的农业保险创新体系

农业保险创新要沿着解决农业风险的系统性和信息不对称问题以及保障农民收入的思路开展。

首先，要探索“新型经营主体＋直销”模式。该模式以新型农村经营主体为重要的目标客户，农业保险的供给基于真实的需求，建立直销模式，提高对渠道的掌控力，在很大程度上回避了因政府与市场边界不清而诱发的诸多违规现象。另外，规模化的新型农村经营主体也使农业保险的交易成本降低，可支撑保险公司在直销模式方面的创新。

其次，要搭建“扶贫＋农业保险”模式。利用农业保险的精准属性，开展“扶贫＋农业保险”的试点工作，使保险与扶贫工作相结合，以小农户尤其是农村贫困户为目标客户，构建普惠性的农业保险体系，推进扶贫攻坚战略的有效开展。

最后，要启动“社会治理＋农业保险”模式。充分发挥农业保险社会治理与产业引导功能，使农业保险积极参与到农村社会治理和农村发展建设中，通过政府和保险的优势互补，创新具有社会公益性和社会治理性的保险业务，助力解决“三农”传统管理中的难点问题。

3. 重视农业保险创新型人才的培养

创新型人才是农业保险持续发展的动力源泉，应重视农业保险创新型人才的培养。如积极引导高校保险专业人才投向农业保险领域，使更多的院校和企业共同投入农业保险创新型人才的培养工作中；拓宽人才引进渠道，高度重视人才培养，定期开展农业保险讲座，并提供外出教育学习的机会，进而不断提高农业保险经营管理技能，为农业保险的发展奠定优质人才基础；以加快农民职业化为目标，实施新型职业农民资格证书管理，完善职业农民管理体系和教育培训体系，培育一大批以家庭农场主、种养大户、农民合作社骨干为重点，有文化、懂技术、会经营、立志扎根农村的新型职业农民，为农业保险发展提供人才保障；重视农业保险创新型人才的培养，不仅要注重专业能力和实践能力的提升，同时还应加强创新型人才的自身素养，时刻坚守以德为先、德才兼备的用人标准，培养能够服务“三农”发展的创新型人才。

典型案例

吉林省实施农业支持保护补贴粮食适度规模经营项目

为推动农业适度规模经营发展，积极培育新型农业经营主体，吉林省农委和省财政厅共同组织实施2018年吉林省农业支持保护补贴粮食适度规模经营项目。通过政策引导，加快培育新型经营主体、培养新型职业农民，积极发展多种形式的粮食适度规模经营，推动农业生产进入规模化、产业化、社会化高质量发展阶段，为实现农业现代化和打赢脱贫攻坚战提供有力支撑保障。

农业适度规模经营主体包括：家庭农场、种养大户、农民合作社、农业社会化服务组织、小微农业企业等，具有一定的生产经营能力，可提供有效持续服务，粮食适度规模经营面积最低标准为本市县户均承包地面积10倍以上。农业适度规模经营主体必须在农业农村部门或相关管理部门备案登记，且在工商部门注册。

支持方式。采取贷款贴息、物化补助、政府购买农业社会化服务等方式进行。

贷款贴息。农业适度规模经营主体用于生产经营投入而发生的贷款利息给予不超过50%的贴息。贴息应是会计年度内的新增贷款且按期足额偿还的贷款利息，贷款上限不超过1000万元，贴息期原则上为上一个日历年度内。

物化补助。重大技术推广与服务补助，采取“先服务后补助”、提供物化补助等方式给予支持。物化补助主要用于支持购置农机具和农机具库房、畜牧业规模养殖、特产业规模经营等方面，补助标准上限不超过农业适度规模经营主体投入的50%。已获得相关扶持的不得重复申报扶持。

政府购买服务。在土地托管服务、病虫害统防统治、农业废弃物资源化利用、农业面源污染防治等方面，采取政府购买服务等方式支持符合条件的农业适度规模经营主体开展公益性服务。

补助范围标准。2018年吉林省农业支持保护补贴粮食适度规模经营项目资金依据全省2016年粮食和大豆播种面积、2017年农民合作社和家庭农场的数量进行分配。市县可根据本地实际自主确定粮食适度规模经营项目资金使用范围、补助内容和补助标准，制定任务清单内容。

农业支持保护补贴粮食适度规模经营资金管理遵循分级管理、分级负责的原则，明确补贴资金申报、分配、使用环节的审批责任，谁审批、谁负责，做到责任清晰、管理规范。具体资金使用者对资金使用的合规性、有效性负责。省农委和财政厅结合项目数量和资金规模，抽选重点市县和项目，开展实地考察，开展绩效评价，严格奖惩措施，实行奖优罚劣，逐步建立以结果为导向的激励约束机制。

（来源：《新文化报》2018 年 9 月 27 日）

（二）建立农业风险管理体系

在我国农产品市场风险管理体系建设过程中，政府长期发挥主导作用。无论是基于产量风险还是收入风险，现有政策均简化为依靠最低收购价和临时储备来兜底风险。这导致农产品价格支持政策越来越多地扭曲市场价格信号，企业和农民主动管理风险的能力越来越弱，使农产品市场面临更大的价格下跌压力和风险。在我国农业市场化和国际化迅速发展背景下，加快建立适合国情的农业风险管理体系，全面提升农户和企业管理风险的能力，已成为农业经济调整的重要方向。

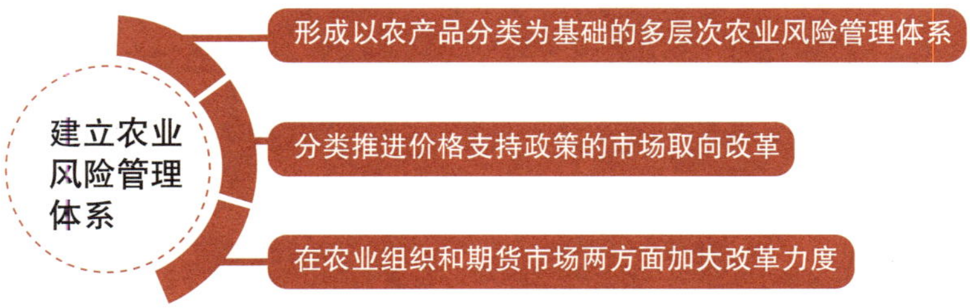

建立农业风险管理体系

1. 形成以农产品分类为基础的多层次农业风险管理体系

多层次风险防控体系是一个牵涉多部门的复杂的整体性工程。其总体思路是：分类调整现行农产品价格支持政策，逐步建立以“政府支持价格 + 保险补偿农业风险损失 + 衍生工具对冲价格风险”为基础架构、宏微观相结合的农业风险管理体系。具体地说，农业风险管理体系建设应分三个层次。第一层次是基础层，主要指政府价格支持政策，包括目标价格补贴、目标价格收购、目标价格保险等。第二层次是利用农产品期货和期权，探索新型远期合同，以此规避购销合同双方的潜在风险。第三层次是创新和推广价格保险与收入保险，为农业经营主体提供风险补偿。第二层次和第三层次以成熟完善的期货和现货市场体系为基础，需要较长时间实现，且需要与第一层次紧密衔接，形成改革联动效应。

2. 分类推进价格支持政策的市场取向改革

在农业风险管理体系建设和调整过程中，分类推进价格支持政策的市场取向改革至关重要，应有保有放，统筹考虑主粮和非主粮品种的价格支持政策调整。对于大米、小麦，可继续沿用传统最低收购价、临时收储价等价格支持政策，但应逐步引入目标价格补贴；对于国内外市场一体化程度高的品种（如大豆、棉花）、价格倒挂和库存压力大的品种（如玉米），应尽快完善目标价格补贴政策。同时，通过鼓励市场创新、给予适当补贴和加强信息推广等方式，推动农业企业和农户（合作社）签订有利于农户灵活定价的远期订单合同。

3. 在农业组织和期货市场两方面加大改革力度

一方面，在引导农业企业加强风险管理的基础上，大力支持和鼓励合作社利用现代金融工具开展风险管理活动。为此，政府不仅需要给予合作社足够的发展空间，还应提供培训资金支持，提高合作社的风险管理能力。另一方面，深入发展农产品期货和期权市场。全面开展针对农户、合作社和农业企业的专项培训，加强期货价格信息推广工作。消除不合理的金融抑制、税收约束和制度阻碍，优化期货市场的交易者结构，提升期货市场价格发现和套期保值功能。稳步推出农产品期货期权，为远期购销合同、收入或价格保险提供低成本的风险管理工具。

延伸阅读

1. 魏后凯、闫坤：《中国农村发展报告（2018）：新时代乡村全面振兴之路》，中国社会科学出版社 2018 年版。

2. 吴康庄、李振、谢雪萍：《农业支持保护政策》，中国农业科学技术出版社 2017 年版。

3. 农业部软科学委员会办公室：《农业支持保护与可持续发展》，中国财政经济出版社 2013 年版。

深度思考

1. 如何合理利用一定的财政投入，达到高效率的支农？

2. 如何确保“有人种粮”“有人收粮”“有钱收粮”“有人管粮”？

3. 怎样提高农业风险保障能力，实现分散和转移农业风险？

第七章

推动农村产业深度融合：以延链扩链提升产业价值

党的十九大报告提出实施乡村振兴战略，而农村产业融合发展是实现产业兴旺、乡村振兴的有效途径。农村产业融合发展是市场经济发展的自然产物，推进农业供给侧结构性改革和农村一二三产业融合发展，不仅是促进农业增效、农民增收和农村繁荣，为国民经济持续健康发展和全面建成小康社会的重要支撑，而且是拓宽农民增收渠道、构建现代农业产业体系的重要举措，是加快转变农业发展方式、形成城乡一体化农村发展新格局、探索中国特色农业现代化道路的必然要求。

一、优化乡村产业体系

建设适应现代化经济发展要求的乡村产业体系是实现农村产业兴旺的经济基础，也是实现乡村全面振兴的关键所在。2018 年 3 月 8 日，习近平总书记参加全国人大山东代表团审议时强调，要推动乡村产业振兴，紧紧围绕发展现代农业，围绕农村一二三产业融合发展，构建乡村产业体系。根据乡村产业体系的基本内涵，应从种植业、畜牧业以及渔业等各方面优化乡村产业体系，对种养业、加工业以及农村服务业实行供给侧结构性改革，提高供给质量，增加乡村生态产品和服务供给。

（一）优化种养业

种养业是乡村的基础产业，主要包括粮食产业、畜牧业和渔业。现代种养业，超越了原始传统农业的粗放型的生产经营方式，党的十九大报告对农业供给侧结构性改革提出了根本要求，必须坚持质量第一、效益优先，把提高供给体系质量作为主攻方向，显著增强我国经济质量优势。不仅要确保农产品安全，而且要以市场需求为导向，提高农产品的供给质量，要优化种养业结构，做大做强基础产业，全面提升种养业的质量水平。

1. 粮食产业

粮食产业始终是关系国计民生、社会稳定和国家安全的全局性重大战略问题，因此，要稳定粮食的生产，提高粮食的供给质量，确保粮食安全，这也是我们国家发展的重中之重。目前，我国粮食供求已从总量不足转变为结构性矛盾，亟待通过构建现代粮食产业体系，实现高质量发展，优化粮油产品供给，首尾一体、全链提升，以在更高层次上达到粮食产品供需动态平衡。此外，还要优化粮食产业的生产结构，调动广大农民种植优质品种粮食的积极性，扩大优质品种的种植面积。最后，要推进先进科技的应用，鼓励农户或者农场主进行规模化生产经营，以便对于种植的粮食进行专业化以及机械化管理，提升粮食的生产经营效益，增加绿色粮食的供给。

2. 畜牧业

目前畜牧业的发展不仅在规模上呈现了扩大化的趋势，发展速度也相当可观，对提高农村的整体经济有一定的贡献作用。随着经济的发展，我们应推进畜牧业规模化、生态化、特色化和产业化的发展。一方面，要积极引导养殖户转变观念，改变饲养方式，加快推进农牧结合生态循环的养殖。通过生态循环不仅可以大大节约生产成本，而且还符合无公害绿色食品产地环境质量要求。另一方面，要积极推动大规模生产，对生产经营进行统一管理，注重畜产品的质量，发展优质畜牧业，大力打造品牌，提高市场竞争力，引导向生产无公害、绿色畜产品的方向发展。

3. 渔业

我国已经成为世界渔业第一大国，“十三五”期间我国将推进渔业供给侧结构性改革，加快渔业转方式调结构，建设现代渔业成为主要目标。按照养殖业提质增效、捕捞业压减产能、远洋渔业拓展、一二三产业融合发展的方针，引领渔业转型升级。首先，我国内陆地区要大力推广循环水养殖等节能减排、环境友好的方式，而沿海地区要利用好海洋资源发展碳汇渔业和深海围网建设。其次，要推进鱼塘生态养殖，严厉整治乱使用药物等行为。最后，要加大政府的支持力度，规范渔业的发展，增加我国渔业的竞争力。

优化农村种养结构，最重要的还是要促进粮食业、渔业和畜牧业内部融合，要推进农村种养结合、农牧结合、农林结合，推动发展高效、生态、循环种养模式，一方面可以促进农业资源的节约利用、循环利用和可持续利用；另一方面，可以促进农业内部的紧密协作发展和联动发展的格局，同时，实现生态循环发展，节约生产成本。

（二）推进农村工业化

推动农业现代化与发展农村工业化是相辅相成、相互促进的，为此要大力推进乡村工业，加速我国农村现代化的趋势。走新型工业化道路，用信息化、产业化促进农村工业化，用农村工业化带动农业现代化，加快一二三产业的融合。以充分高效利用有限资源为基础，以充分挖掘人力资源潜能为前提，以充分运用先进科技为动力，着力提高综合生产和对环境的控制能力，大幅度提高劳动生产率和整体效益，大幅度提高农村居民的生活质量，促进生态环境改善和协调发展。

1. 引进农村农产品加工业

引导加工企业向主产区、优势产区、产业园区集中，在优势农产品产地打造食品加工产业集群。首先，要加快发展农产品产业，加大农产品加工业技术创新与改造，开发拥有自主知识产权的加工设备，政府应鼓励企业内部设置研发部，根据市场需求研发新产品。其次，要推进发展绿色加工体系，加强国家发展农产品加工技术研发体系的建设，建造一批农产品加工技术集成基地，提倡支持发展绿色加工厂，倡导低碳、低耗、高效以及循环的绿色加工体系，对加工设备进行改造，使用节能高效环保的技术设备。通过支持开展农产品生产加工、综合利用关键技术研究与示范，推动初加工、精深加工，实现农产品多层次、多环节转化增值。

2. 创新发展饲料工业

饲料工业是连接种养的重要产业，既是将种植业产品进行加工的产业，又是生产渔业与畜牧业投入品的产业。我国的饲料工业经过 30 多年的快速发展，现在需要进行供给侧结构性改革，实现新旧动能转换。一方面，要综合考虑养殖业和种植业的发展趋势，种养业的区位优势和现有的产业基础，调整饲料工厂的分布，促进不同区域饲料工业和种养业的协调发展。另一方面，要鼓励饲料工厂绿色生产，生产安全高效环保的饲料产品，生产能够改善动物健康水平的饲料产品。

3. 推进农机装备产业

我国是世界第一农机使用和装备大国，《国务院关于加快推进农业机械化和农机装备产业转型升级的指导意见》提出，农业机械化和农机装备是转变农业发展方式、提高农村生产力的重要基础。要以服务乡村振兴战略、满足亿万农民对机械化生产的需要为目标，以农机农艺融合、机械化信息化融合、农机服务模式与农业适度规模经营相适应、机械化生产与农田建设相适应为路径，以科技创新、机制创新、政策创新为动力，补短板、强弱项、促协调，推动农机装备产业向高质量发展转型，推动农业机械化向全程全面高质高效升级。

4. 适度使用化肥和农药

目前，大多数农产品的农药和化肥使用量过大，造成农产品微毒。解决这一问题，首先，需要支持环境友好、经济高效的化肥和农药的研发，推进使用超高效、低用量以及无公害的绿色农药和化肥。其次，要强化监管标准，建立公平公正的行业准入，对化肥厂、农药厂进行监督；在使用方面，科学配置、因地制宜，对土壤和农作物进行充分了解后，有针对性地科学生产化肥与农药。另外，化肥工厂和农药工厂可以通过合作实现施肥用药一体化，提供精准化的便利服务。

（三）引进农村服务业

农村服务业是指服务于农业再生产和农村经济社会，通过多种经济形式、多种经营方式、多层次多环节发展起来的一大产业，是现代服务业的重要组成部分。服务业的发展水平是衡量现代社会经济发达程度的重要标志。加快发展农村服务业，是推进农村经济结构调整、加快转变经济增长方式的必由之路。因此，要鼓励多种融合方式的探索，发展农资配送、农业科技创新与推广、仓储物流以及农产品的托管等市场化服务，规范服务行为，推动乡村服务业的有序健康发展。

1. 推进农资配送服务

农资配送服务包括作物与畜禽水产种子种苗、化肥、农药等的配送服务。农业生产资料供应是连接工业与农业生产的桥梁，是发展现代农业的重要物资保障和基础，而农资配送是农资供应的重要环节。但目前，我国农资配送渠道还不完善，各地发展不平衡，配送服务方式、方法、流程不统一，缺乏顶层设计，标准化程度低，农资配送方式、服务水平、规模与现代农业和现代市场体系的要求还有较大差距。应引进生产商或者与农村合作社、供销社合作，促进农资配送服务的完善，提高配送的质量水平和效率水平，确保农资的有效供给，保障农业生产持续、稳定、健康发展。

2. 引进农业技术的创新推广服务

农技推广服务涉及广大人民群众粮食的生产技术问题，一般是政府农业公共服务机构直接提供或者通过购买服务的方式由经营性的机构提供。首先，加强企业与科研院所之间的沟通合作，完善育种体系，提高育种技术，培育优质种苗。其次，建立起生态循环的农业发展模式，减少化肥和农药的使用，提高农产品质量，实现农产品绿色、生态、健康发展。再次，加强农业生产过程中的技术和装备的研发，建立高效、安全、持续的农机装备体系。最后，促进公益性的农技推广机构和经营性的农技推广机构的合作，引进创新型的研究人才，为农业提供精准化、个性化和全程化的服务，满足实现农业现代化的迫切需要。

3. 推进农业生产托管

农业生产托管是农户等经营主体在不流转土地经营权的情况下，将农业生产中的耕、种、防、收等全部或者部分环节委托给服务组织完成或协助完成的一种农业经营方式。农业生产托管是农业生产性服务直接服务农户和农业生产最具时代意义的方式，是农业生产性服务业联结小农户的有效机制，是服务规模经营的主要形式。这是一种多方面服务的综合体，具有广泛的适用性和强大的发展潜力。

4. 培育现代农业物流中心

农产品的物流服务就是专业的经济技术部门、乡村合作经济组织为农业提供的综合性的配套服务，包括绿色产品的直供、连锁配送、定点销售等营销机制，提供农产品的加工配送、包装仓库、信息服务、标准交易等服务。一方面，完善物流服务，需要引入农产品商品生产基地建设，从政策、资金和技术上加大对农产品加工企业的扶持力度，在一定程度上，扶持龙头企业的发展，就是扶持农村、扶持农业。另一方面，加强农产品市场体系的建设，提高农产品生产设备水平等，进而提高乡村综合服务的集约化水平。

专家观点

大力推进乡村产业振兴工程，发展高效生态现代农业

大力推进乡村产业振兴工程，以发展高效生态现代农业和绿色美丽经济为重点。要按照走高效生态的农业现代化道路，深入推进农业供给侧结构性改革，以农产品优质化品牌化、产业融合化多功能化和布局集聚化特色化为突破口，构建高效优质现代农业产业体系。深入推进粮食生产功能区和现代农业园区的农业“两区”建设，切实保护和提升好基本农田的生产能力，确保粮食安全和优质农产品有效供给；以生态循环农业示范省试验和健全农产品质量安全可追溯体系为契机，构建绿色化循环化可持续的现代农业生产体系；加快构建以家庭农场、专业合作社、农业企业为新型主体，家庭经营与产业化合作经营和农业社会化服务相结合的现代农业经营体系。大力推进生产、供销、信用三位一体的合作联合服务体系建设，实现小农户与现代农业发展的有机衔接；巩固完善农村基本经营制度，深化农村土地制度改革，完善承包地“三权”分置制度，保持土地承包关系稳定并长久不变，第二轮土地承包到期后再延长30年。大力推进一二三产业融合发展，优化农村大众创业、万众创新的创业就业环境，积极发展农家乐、民宿经济、乡村旅游业，让绿色美丽经济成为农民增收致富的新增长点，发展壮大农村集体经济，增加农民财产性收入。

——浙江省人民政府咨询委员会委员 顾益康

二、培育新产业新业态

党的十九大报告指出，我国社会主要矛盾已经转化为人民日益增长的美好生活需要和不平衡不充分的发展之间的矛盾。乡村振兴促进了经济跨越发展，使我们得到物质上的满足，但是我们的精神和灵魂也必须得跟上经济发展的脚步。遵循一二三产业的融合发展，我们必须充分挖掘农村自然资源、生态环境、民俗文化和特色产业的优势，打造乡村旅游的景观，发展农耕体验、户外拓展等农业旅游发展的新产业、新业态。新产业、新业态是现代生产技术及管理要素与产业深度融合和创新的产物，通过要素聚合、叠加衍生和交互作用生成新的经济形态，创造出新产品、新服务供给和增量效益。要充分发挥农村自然资源、生态环境、民俗文化和特色产业等的优势，培育壮大新产业、新业态，为农村经济发展、农业转型升级和农民创业增收注入持久活力。

（一）大力发展乡村休闲旅游产业

近年来，随着人民生活水平的提高，全国各省的乡村旅游建设如火如荼，乡村旅游发展已经成为农村发展、农业转型、农民致富的重要渠道。党的十九大报告提出的乡村振兴战略无疑成为乡村旅游发展的又一剂催化剂，乡村旅游业将会有更大作为、更大担当。旅游产业的发展为乡村带来了新的发展机遇，让“乡村”以“旅游”的方式再次跃入了人们的视线，通过以下三项举措，助力乡村旅游发展。

一要充分利用田园景观、自然生态以及资源条件的优势，结合农林渔业的生产经营活动、农村的乡土文化以及农家乐的生活，为广大的人民群众提供休闲娱乐的体验，增加人民群众对乡村生活的体验与了解。

首先，发挥乡村各类物质与非物质资源的独特优势，利用“旅游 +”“生态 +”等模式，推进农业、畜牧业、渔业与旅游、文化、康养等产业深度融合。其次，丰富乡村旅游业态和产品，打造各类主题乡村旅游目的地和精品线路，发展富有乡村特色的民宿和养生养老基地。

二要通过乡村旅游增加农民收入，带动传统产业的发展，推动一二三产业的融合。首先，乡村旅游推动传统农业的发展，让农产品商品化，培育地方农产品成为特色产品，打造具有地方特色的旅游品牌，让农特产品成为旅游产品，通过电子商务平台，让乡村生态产品以全新的方式走进人民的视线，增加农产品的附加值。其次，让农业资源旅游化，利用农村的田园风光和山水景观，发展创意农业，将旅游与休闲相结合，体现“住农家屋、吃农家饭、干农家活、享农家乐”的农家味道。最后，鼓励全民创业，把村民的利益绑在一条生产链上，支持农村集体办理乡村旅游合作社或旅游企业把优势项目进行股份化管理，形成规模化的餐饮、住宿和体验活动。

三要发展乡村旅游产业。乡村旅游是乡村振兴的一条有效路径，我们必须要抓住机遇，大力推动旅游业的发展，依托农业主体产业，延伸农业的生产功能以及配套服务设施，使自然风光和农村产业生产融合，打造一批美丽田园，提高农业的综合效益。首先，促使老百姓以现有资源参与乡村旅游发展，通过农村产权流转、入股获得租金分红、提供土特产品等方式，分享旅游经济红利。其次，让老百姓回归自己的家乡，投入乡村旅游建设中，利用田园风光与绿色景观等生态环境为广大人民群众提供乡村生产生活休闲体验，通过发展“农家乐园、花果人家、生态鱼庄、养生山庄、创意文苑”的旅游产业新模式取得收益。此外，要利用农村秀丽的自然风光、深厚的文化底蕴、浓郁的人文风情，通过“旅游 + 大农业”“旅游 + 文化”“旅游 + 康养”“旅游 + 智慧”等产业模式，形成全方位、多层次的乡村旅游发展新格局。最后，要促进乡村旅游发展带动就业，让老百姓可以通过就近务工等方式直接增加收入。但是，发展旅游业的同时，还要注意处理好保护与开发的关系，加强生态环境的保护。

（二）打造智慧农业

智慧农业是农业中的智慧经济，或智慧经济形态在农业中的具体表现。智慧农业集互联网、移动互联网、云计算和物联网技术于一体，依托农业生产现场的各种传感节点和无线通信网络，实现农业生产环境的智能感知、智能预警、智能决策、智能分析、专家在线指导，为农业的生产提供精准化种植、可视化管理、智能化决策，从而使农业具有“智慧”。智慧农业应重点对农业生产经营和管理活动进行改造，使之呈现新业态。对于发展中国家而言，智慧农业是智慧经济主要的组成部分，是发展中国家消除贫困、实现后发优势、经济发展后来居上、实现赶超战略的主要途径。

1. 升级生产领域，由人工走向智能

在种植、畜牧以及渔业的生产作业环节，要摆脱人力依赖，构建集环境生理监控、作物模型分析和精准调节为一体的农业生产自动化系统，根据自然生态条件改进农业生产技术，进行农产品差异化生产；在乡村工业生产环节，要将农产品生产、加工等过程的各种相关信息进行记录并存储，并能通过加工产品的识别号在网络上对农产品进行查询认证，追溯全程信息。在生产管理环节，特别是一些农垦垦区、

现代农业产业园、大型农场等单位，要将智能设施与互联网广泛应用于农业测土配方、茬口作业计划以及农场生产资料管理等生产计划系统，提高生产效能。

2. 升级经营领域，突出个性化与差异性营销方式

一方面，物联网、云计算等技术的应用，打破了农业市场的时空与地理限制，农资采购和农产品流通等数据将会得到实时监测和传递，有效解决信息不对称问题。另一方面，在主流电商平台开辟专区，拓展农产品销售渠道，有实力的龙头企业通过自营基地、自建网站、自主配送的方式打造一体化农产品经营体系，促进农产品市场化营销和品牌化运营，预示农业经营将向订单化、流程化、网络化转变，个性化与差异性地定制农产品营销方式。

3. 升级服务领域，提供精确、动态、科学的全方位信息服务

要升级服务领域，提供精确、动态、科学的全方位信息服务，如基于北斗的农机调度服务系统，通过室外大屏幕、手机终端等这些灵活便捷的信息传播形式向农户提供气象、灾害预警和公共社会信息服务，有效地解决“信息服务最后一公里”问题；为农业经营者传播先进的农业科学技术知识、生产管理信息以及农业科技咨询服务，提高农业生产管理决策水平，增强市场抗风险能力，做好节本增效、提高收益；推进云计算、大数据等技术的应用，它们不仅可以促进农业管理数字化、现代化及农业管理高效和透明，而且还能提高农业农村部门的行政效能。

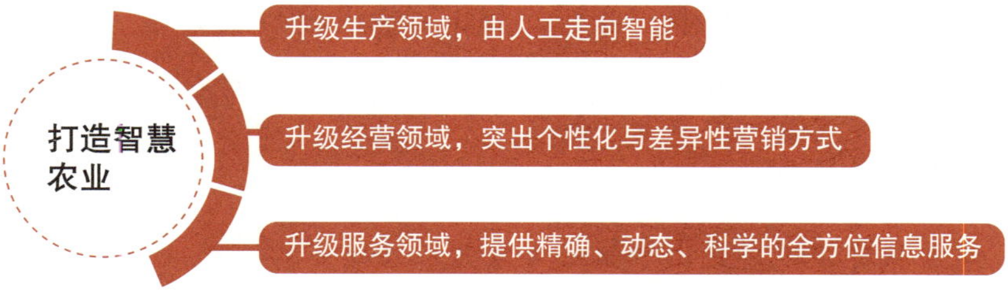

打造智慧农业

（三）发展创意农业

创意农业起源于20世纪90年代后期，是指有效地将科技和人文要素融入农业生产，进一步拓展农业功能、整合资源，把传统农业发展为融生产、生活、生态为一体的现代农业。要拓展农业的多种功能，提升农产品附加值的农业新型业态。要将创意农业作为农业战略性发展中新兴产业进行培育，实现农业发展方式的转变，传承农业文化，挖掘新的农业文化，促进人类社会的文明发展。

1. 发展创意农业，就要推进乡村经济建设的投融资活动

我国农村地区长期以来面临着资金匮乏的问题，应激活乡村的投融资活动，为乡村发展创意农业提供资金支持。通过政府引导、政策支持、市场激励等方式，加快创意农业市场的建立，鼓励农村商业银行和小额农业贷款机构等乡村金融机构向农户或者农场主提供贷款，从投融资体系上支持创意农业的发展。

2. 发展创意农业，就要嵌入专业知识，激发创意理念

一方面，创意农业是知识密集型和文化创意型的集合成果，在发展创意农业时，无论是产业规划、品牌策划、生态设计，还是文化的嵌入、

功能的创新，都需要有“创意知识”的融入。另一方面，通过相关专业的介入，带来时代前沿创意艺术及科技知识，培育乡土“创意社会”的环境氛围，激发民众的创意思维，为创意农业的发展提供厚实的土壤环境。

3. 发展创意农业，就要构建规模化、组织化的运作机制

一方面，创意农业既可以是家庭小单位的经营模式，也可以是乡村集体的经营模式，无论哪种经营模式，生产经营都要规模化和组织化。从创意农业开发的产业链来看，过于分散的经营方式，将会造成投入产出比的偏离，缺少规模化的企业等市场力量的跟进，将很难投放市场、树立高端品牌，从而将大大限制其资本运作的潜力。

另一方面，创意产品的研发、生态田园的设计、创意产业的经营，都需要统一研发、统一规划、统一管理。因此，真正实现创意农业全景产业链开发和社会主义新农村的建设，应采用以“规模化、企业化、组织化、品牌化”为主导、以“家庭化、个体化”为补充的运营方式，这样才符合创意农业的产业化开发规律。

4. 发展创意农业，就要构建营销体系

中国创意农业的未来发展，最关键是落实以市场需求为导向，走出一条创新型的市场开发之路。一方面，完善促进创意农业政策，以政府引导、政策支持、市场激励等方式，加快创意农业发展资本市场的建设，通过文化传播增强创意农业的吸引力，赢得大众的支持，用创意文化推动农业品牌的建设。另一方面，通过资本、技术、人才、运作机构的充分培育，打通创意农业的全景产业链的各个环节，从而形成具备国际竞

争力的创意农业市场体系。

三、打造新载体新模式

近年来，我国一二三产业融合发展的趋势日趋明显，各地的探索和实践也层出不穷。这其中，一些新载体和新模式发挥的作用日益显著。全国农业产业融合发展的“园区”队伍正在不断壮大，农业产业园、农业科技园区、农产品加工园等在各地陆续建设起来并发挥作用。在搭建新平台的同时，特色村镇、农业产业化联合体以及农产品电商等平台应运而生，改变着全国农业产业化的面貌。

（一）推进农产品电商发展

农产品电子商务是农产品生产、销售、管理等环节全面导入电子商务系统，利用信息技术，收集发布供求、价格等信息，并以网络为媒介，依托农产品生产基地与物流配送系统，推动电商发展，促进新型农业经营主体、加工流通企业与电商企业全面对接融合，推动线上线下互动发展。农产品电商须与顾客建立良好的购物体验，才能迎来持续消费力及带动相关消费群体。近年来，我国农产品电子商务进入高速增长阶段，农产品网络零售商增加，交易种类日益丰富，农业生产资料、休闲农业及民宿旅游电子商务平台和模式大量涌现。《全国农产品加工业与农村一二三产业融合发展规划（2016—2020年）》预计，到2020年，农产品电子商务交易额将达到8000亿元，年均增速保持在40%左右。为此，要在以下几个方面不断做出努力。

1. 加快建立健全适应农产品电商发展的标准体系

首先，建设好农村信息化基础设施，改善农村公路、物流、信息等基础条件，加快农村地区宽带网络和移动通信的覆盖步伐。其次，针对农产品的生产布局和季节性的特点，进行合理规划初加工、分拣、包装以及仓储等基础设施。

2. 鼓励政府联合大型电商平台企业共同推进农业标准化进程

首先，各级政府要积极与大型电商平台企业开展合作，优先推进农产品标准化，建议农业农村部、商务部和国家标准委建立和完善农产品电子商务标准体系，率先从线上销售占比高的农产品开始，研究实施财政资金支持的“农产品标准化”项目。其次，支持特色食品类农产品上线销售，支持土特产食品加工实行“共享制造”，在土特产食品丰富、加工企业不发达的地区，支持县域电商产业园区建立土特产主要食品“共享制造”车间。

3. 增强农产品物流配送的“硬件”和“软件”能力

首先，加大冷链物流设施财政支持力度，增加中央和省级以及有条件的县市财政奖补冷链物流设施的资金，重点支持产地冷库、冷藏车等冷链设施装备。其次，推动县域配送车资源共享，依托县级电商运营中心和电商园区，搭建县域物流配送信息和车辆资源共享平台，鼓励物流配送企业共享车辆、集中配送。

4. 利用科技产品和互联网

智能手机的普及正在推动着我国农业信息化的总体进程。对于产地农民来说，与农业相关的APP可以帮助农业企业商家整合资源、提高效率，率先布局农业移动互联网，是农业企业商家站稳农业经济市场的捷径。中国的农业需要及时转变传统观念，要开拓创新，加快信息化建设，更好地适应政府提出的建设社会主义新农村的要求。

（二）培育宜居宜业特色村镇

要培育宜居宜业特色村镇，围绕有基础、有特色、有潜力的产业，建设一批农业文化旅游“三位一体”、生产生活生态同步改善、一二三产业深度融合的特色村镇。首先，要支持加强特色村镇的基础设施、公共服务、生态环境以及产业建设，发展各具特色的乡村，打造“一村一品”升级版。其次，要鼓励有条件的乡村以农村合作社为载体，积极发展自己乡村以循环农业及创意农业于一体的田园综合体。最后，国家可以先行开发几个富有特色的村镇作为试点示范，在试点村镇，深入实施乡村产业融合发展试点示范工程，建设一批农业工业服务业融合发展的示范园。

特色村镇是发达国家乡村振兴的主要载体，近年来，也成为中国乡村产业升级的重要载体之一。高端产业在大中城市和乡村协同发展，提高了一个国家的核心竞争力，标志着一个国家的成熟。《国家发展改革委办公厅关于建立特色小镇和特色小城镇高质量发展机制的通知》指出：“立足各地区比较优势，全面优化营商环境，引导企业扩大有效投资，发展特色小镇投资运营商，打造宜业宜居宜游的特色小镇和特色小城镇，培育供给侧小镇经济。”

如何建设特色村镇，我们需要做到以下四方面。

1. 注重本村镇的文化挖掘和创新

调动村民以及基层文化工作者的积极性，加强对本土文化的保护。政府应该加强与文化行业的专家和学者的合作，充分挖掘本土的历史文化，在此基础上进行创新。村镇设立特色村镇的研发资金，用来支持文化的发展与创新。

2. 加强文化资源保护

进一步加强文化资源保护意识，积极保护古建筑和历史文化遗迹等，尊重历史，大力支持以非物质文化遗产为代表的文化的传承和发展，密切关注文化项目的发展状况，鼓励企业文化创新的发展，做好文化的传承工作，促进历史文化资源的保护。扶持旅游文化，推出富有感染力的文艺作品，使历史文化保护传承与旅游业发展相得益彰。

3. 大力推进乡村旅游标准化工作

特色村镇规范发展、提高管理水平和服务水平的关键是实现特色小镇标准化发展。从乡村发展的经营场地、设施设备、住宿餐饮、特色创意、环境卫生、接待服务等诸多软件与硬件方面进行标准化检验，使特色小镇走上标准化发展之路。大力发展标准化、规模化、现代化的乡村旅游产业体系。大力完善交通网络，提高村镇道路通达条件，加快城乡公交建设。

4. 提升特色小镇管理水平

政府应该强化特色小镇管理和创新管理模式，加大对特色小镇从业人员的培训力度，推进智慧旅游建设，构建智慧旅游平台，形成以旅游电子信息屏、旅游网站、手机客户端、旅游热线、咨询服务网点等配套的旅游信息服务系统，提升旅游信息化水平。

专家观点

创新土地政策 支持特色小城镇

一是资源需求结构深刻变化，资源供应结构需要加快调整。从土地方面看，温饱问题解决后，消费者对农产品质量和安全更加关注，需要在坚守耕地红线的同时，加强耕地质量监管；城镇房地产高库存与高房价并存，住宅用地供应部分城市偏多、部分城市不足的问题凸显，需要合理调整供地结构；消费加快升级，催生了大批新产业、新业态、新模式，需要加强产业多元化供地与多样化需求的对接；扩大有效投资，聚焦重大项目，特别是有利于调结构、补短板、惠民生的项目，需要进一步保障土地供应。

二是发展动力转换深刻变化，国土资源管理和科技创新需要加快推进。要更加注重自然资源资产产权保护，平等保护各种所有制主体财产权利；更加重视城乡统一建设用地市场建设，夯实农村集体土地产权权能；更加重视产业用地政策创新，助力培育经济发展新动能。科技革命有力推动世界经济结构调整，国土资源是高科技含量的领域，必须面向世界科技前沿、面向经济主战场、面向国家重大需求在科技创新上走在前列。

三是经济发展方式深刻变化，国土资源利用和管理方式需要加快转变。走绿色发展之路，建设资源节约型、环境友好型社会，要求我们加快转变资源利用方式，更加重视资源节约和高效利用，更加重视耕地数量质量生态“三位一体”保护，更加重视矿产资源绿色勘查、开发。

——十三届全国政协常务委员、人口资源环境委员会副主任 姜大明

（三）推广农业产业化联合体

农业产业化联合体是龙头企业、农民合作社和家庭农场等新型农业经营主体以分工协作为前提，以规模经营为依托，以利益联结为纽带的一体化农业经营组织联盟，是全产业链基础上乡村产业深度融合的有效载体。一方面，各成员保持产权关系不变、开展独立经营，在平等、自愿、互惠互利的基础上，通过签订合同、协议或制定章程，形成紧密型农业经营组织联盟，实行一体化发展。另一方面，各成员之间以及与普通农户之间建立稳定的利益联结机制，促进土地流转型、服务带动型等多种形式规模经营协调发展，提高产品质量和附加值，实现全产业链增值增效，让农民有更多获得感。

1. 要增强龙头企业带动能力，发挥龙头企业在农业产业化联合体中的引领作用

首先，支持龙头企业应用新理念，建立现代企业制度，发展精深加工，建设物流体系，健全农产品营销网络，主动适应和引领产业链转型升级。其次，鼓励龙头企业强化供应链管理，制定农产品生产、服务和

加工标准，示范引导农民合作社和家庭农场从事标准化生产。最后，鼓励县级以上农业产业化主管部门开展重点龙头企业认定和运行监测，引导龙头企业发挥产业组织优势，联手农民合作社、家庭农场组建农业产业化联合体，实行产加销一体化经营。

2. 要提升农民合作社服务能力，发挥其在农业产业化联合体中的纽带作用

首先，鼓励普通农户、家庭农场组建农民合作社，积极发展生产、供销、信用“三位一体”综合合作，引导农民合作社依照法律和章程加强民主管理、民主监督，保障成员物质利益和民主权利，发挥成员积极性，共同办好合作社。其次，支持农民合作社围绕产前、产中、产后环节从事生产经营和服务，引导农户发展专业化生产，促进龙头企业发展加工流通，使合作社成为农业产业化联合体的“黏合剂”和“润滑剂”。

3. 要注重家庭农场生产能力，发挥其在农业产业化联合体中的基础作用

首先，按照依法自愿有偿原则，鼓励农户流转承包土地经营权，培育发展适度规模经营的家庭农场。其次，鼓励家庭农场使用规范的生产记录和财务收支记录，提高经营管理水平，健全家庭农场管理服务，完善家庭农场名录制度，建立健全示范家庭农场认定办法。最后，引导家庭农场与农民合作社、龙头企业开展产品对接、要素联结和服务衔接，实现节本增效。

4. 要完善内部组织制度，引导各成员高效沟通协作

首先，坚持民主决策、合作共赢，农业产业化联合体成员之间地位平等，引导各成员在充分协商基础上，制定共同章程，明确权利、责任和义务，提高运行管理效率。其次，鼓励农业产业化联合体探索治理机制，制发成员统一标识，增强成员归属感和责任感。最后，鼓励农业产业化联合体依托现有条件建立相对固定的办公场所，以多种形式沟通协商涉及经营的重大事项，共同制定生产计划，保障各成员的话语权和知情权。

延伸阅读

1. 邵明：《乡村振兴与农村电商发展》，化学工业出版社 2018 年版。

2. 孙文华：《特色小镇：田园综合体——政策、方案与行动》，中信出版集团 2018 年版。

3. 林峰：《乡村振兴战略规划与实施》，中国农业出版社 2018 年版。

深度思考

1. 农村地区有传统的种养业，根据需求逐渐引进工业、服务业，在农村地区形成产业融合。目前，乡村一二三产业融合有什么特点？在一二三产业融合过程中面临着什么困难？如何又好又快地促进一二三产业融合？

2. 近年来，乡村旅游业发展如火如荼，在发展乡村旅游业过程中需要注意哪些问题？

3. 怎样建设特色小镇，推动乡村振兴？

第八章

完善紧密型利益联结机制：让农民有参与感和获得感

紧密型利益联结机制是以广大农民分享增值收益为基本出发点，实现群众共同富裕、打造共创共享局面的重要机制，是乡村振兴的重要途径和方略，在乡村振兴过程中具有重大意义。因此，需要不断完善这一有效重要机制，通过农民的广泛参与、农企之间的收益分享模式的形成及政策的引导，不断增强农民参与融合能力，创新收益分享模式，进而让农民更多分享产业融合发展的增值收益和红利、共同致富。

一、提高农民参与度

农民是乡村振兴的主体，在农村建设和发展过程中具有重要作用，我们要不断提高农民的参与程度，提高他们的主体地位，让农民有参与感和获得感。首先，要提高农民自主创业与合作经营的积极性和能力，让他们愿意创业、有能力创业，这是重要的工作内容；其次，促进新型农业经营主体发展，并促进新型农业经营主体的合作与联合，带动和促进农民创业或参与经营过程。此外，就是壮大农村集体经济，让农民在集体经济中获得红利，实现平衡发展。

（一）提高农民自主创业与合作经营的积极性和能力

实现农民的共同富裕，不仅要靠国家的体制机制，最重要的是需要农民自主创业与合作经营，需要广大农民用辛勤的劳动和智慧创造价值。《乡村振兴战略规划（2018—2022年）》提出：鼓励农民以土地、林权、资金、劳动、技术、产品为纽带，开展多种形式的合作与联合。为加快新农村建设、实现乡村振兴和百姓美好生活，眼下的一项重要工作就是提高农民自主创业与合作经营的积极性和能力，促使他们参与乡村建设，共同致富，为农村经济和乡村振兴贡献力量。为提高农民自主创业与合作经营的积极性和能力，要做好以下几项工作。

1. 向农民群众广泛宣传、讲解乡村振兴战略和党的各项农村政策

政策对于农村发展具有一定的导向作用，要让农民熟知我国各项农村发展政策，契合国家发展方向，利用国家政策给予的各项扶持和帮助，自主创业或相互之间进行合作，不断成为新兴农业经营主体。同时也要建立和完善农村民意表达机制，把他们的合理意愿和要求体现到乡村振兴的决策中。要充分尊重农民生产经营自主权，切实维护农民的主体地位，使他们能够完全自主地根据市场情况从事生产经营活动，让乡村振兴变成农民的自觉行为。

知识链接

新型农业生产经营主体

所谓新型农业生产经营主体，强调的是“新”，主要是指在完善家庭联产承包经营制度的基础上，有文化、懂技术、会经营的职业农民和大规模经营、较高的集约化程度和市场竞争力的农业经营组织。普遍认为有以下4种。

专业大户

专业大户主要就是从事某种单一的农产品的初级生产，其规模要大于分散经营农户的生产规模，而且专业程度较高。区分其与一般农户的标准，主要有两个维度，即规模和专业化。

家庭农场

家庭农场是以家庭成员为生产主体的企业化经营单位，具有法人性质，和专业大户相比，虽然都是以家庭为单位，但是其产业链较长，集约化、专业化程度较高，并非简单地从事初级的农产品生产。这种模式集专业化的农产品生产、加工、流通、销售为一体，可以涵盖一二三产业。

农民合作社

农民专业合作社即农户之间通过土地、劳动力、资金、技术或者其他生产资料采取一定合作方式的经营联合体。这种模式是一种互助性质的农业生产经营组织，其规模更大，专业化水平更高，与市场的结合程度也更高，是农民自愿组织起来的联合经营体，也就是“抱团取暖”。

龙头企业

龙头企业通常与农户的合作社模式主要有“企业＋基地＋农户”“企业＋专业合作社＋基地＋农户”等，在实现自身发展的同时，也能带动农户的发展，甚至带动一个区域的特色农产品的发展，效率远远高出前三种新型经营主体。

2. 鼓励农民围绕乡村振兴勇于探索和实践

在乡村振兴的道路上，很多农民缺乏探索精神和勇气，这就需要加大对创新创业的宣传力度，营造鼓励农民创新创业、帮助农民干成事业的社会氛围，激发广大农民自主创业的潜能和精神。同时，要做好创业的服务和指导培训工作，不仅可以帮助他们解决一些问题、打消他们的顾虑，而且可以提高他们创新创业的兴趣。

3. 大力提高农民的综合素质，增强农民振兴乡村的本领和能力

当下，我们生活在一个科技和经济发展腾飞的时代，农村经济要实现快速发展还必须要与时代相接轨，要利用先进的科学技术，同时要培养新型农民。然而，当前一些农村居民不管是在科技文化素质、农业科技水平方面，还是在从业技能方面普遍偏低，对新技术、新成果、新信息的吸取、消化、接受能力还远远不能适应乡村建设的需要。因此，要大力提高农民的综合素质，增强农民振兴乡村的本领和能力，以各种培训为载体，培养管理型、服务型、技能型、文化型、经营型等新型农民，增强农民增收致富本领，推动农民向城镇和二三产业转移。同时，可在广大农民中广泛开展学文化、学技术、学政策、学法律、学知识等活动，大力提高农民的文化、科技和经营素质，促使农民跟上乡村振兴的步伐，为建设美丽富饶乡村贡献力量。

（二）促进新型农业经营主体发展

新型农业经营主体与承包农户不同，其本质是实行农业的适度规模经营，主要形式有专业大户、家庭农场、农民合作社、龙头企业。新型农业经营主体是完善农村基本经营制度的重要途径，促进其发展不仅可

以加快现代农业经营体系的形成，而且在一定程度上也是农民参与农业经营程度的体现，对于更多农民参与也起到极大的带动作用。2017 年 5 月，中共中央办公厅、国务院办公厅印发了《关于加快构建政策体系培育新型农业经营主体的意见》，该意见指出：“在坚持家庭承包经营基础上，培育从事农业生产和服务的新型农业经营主体是关系我国农业现代化的重大战略。加快培育新型农业经营主体，加快形成以农户家庭经营为基础、合作与联合为纽带、社会化服务为支撑的立体式复合型现代农业经营体系，对于推进农业供给侧结构性改革、引领农业适度规模经营发展、带动农民就业增收、增强农业农村发展新动能具有十分重要的意义。”

1. 引导新型农业经营主体多元融合发展

要引导新型农业经营主体多元融合发展，需要在以下几个方面做出努力：一是依法组建农民合作社联合社，积极发展生产、供销、信用“三位一体”综合合作；二是支持农业产业化龙头企业和农民合作社开展农产品加工流通和社会化服务，带动农户发展规模经营；三是培育社会化农业服务主体，鼓励建立和培育农技指导、信用评价、保险推广、产品营销于一体的公益性、综合性农业公共服务组织；四是培育和发展农业产业化联合体，鼓励建立产业协会和产业联盟，来促进各类新型农业经营主体融合发展；五是支持新型农业经营主体带动普通农户连片种植、规模饲养，并提供专业服务和生产托管等全程化服务，提升农业服务规模水平；六是鼓励农民按照依法自愿有偿原则，通过流转土地经营权，引导新型农业经营主体多路径提升规模经营水平，以土地、林权、资金、劳动、技术、产品为纽带，开展多种形式的合作与联合。

2. 引导新型农业经营主体多模式完善利益分享机制

就操作性目标或前进方向，农业农村部部长韩长赋在解读《关于加快构建政策体系培育新型农业经营主体的意见》时提出建议和措施：进一步完善订单带动、利润返还、股份合作等新型农业经营主体与农户的利益联结机制；鼓励地方将新型农业经营主体带动农户数量和成效作为相关财政支农资金和项目审批、验收的重要参考依据；引导新型农业经营主体多形式提高发展质量；鼓励农户家庭农场提升标准化生产和经营管理水平，引导农民合作社依照章程加强民主管理、民主监督，鼓励龙头企业建立现代企业制度，提升农产品质量安全水平和市场竞争力；鼓励各类社会化服务组织按照生产作业标准或服务标准，提高服务质量水平。

（三）壮大农村集体经济

当前，中国特色社会主义进入新时代，农村发展不平衡、农业农民发展不充分是当前社会主要矛盾不平衡、不充分的重大体现。为解决这一重大问题，我们要全面贯彻落实乡村振兴战略，不断发展壮大农村集体经济，让所有农民搭上乡村振兴的列车，决胜脱贫攻坚和全面建成小康社会。习近平总书记指出："要坚持党在农村的基本经济制度和基本政策，把发展壮大村级集体经济作为基层党组织一项重大而紧迫的任务来抓，着力破解村级集体经济发展难题，增强基层党组织的凝聚力，提高村级组织服务群众的能力。"

1. 壮大农村集体经济，要深化农村集体产权制度改革

党的十九大报告指出要“深化农村集体产权制度改革，保障农民财产权益，壮大集体经济”。2018 年中央一号文件进一步指出，深入推进农村集体产权制度改革，加快推进农村集体经营性资产股份合作制改革。深化集体产权制度改革的重点工作内容是要推进农村集体经营性资产的股份合作制改革，通过妥稳有序、由点及面推进改革工作，实现“逐步构建‘归属清晰、权能完整、流转顺畅、保护严格’的中国特色社会主义农村集体产权制度”的基本目标。推进农村集体经营性资产的股份合作制改革，重点是加强股权管理，要建立起现代经营管理制度，尤其是对于经济相对发达、村集体资产较多的地区，但是对经济、资产相对落后、较少的地区来说，改革重点是还权赋能。但是推不推进股份合作、怎么推进还是要尊重民意，集体资产清产结果、改制方案的确定、社员资格界定与劳龄核实等重大问题都要经过民主讨论、民主决策。

2. 壮大农村集体经济，要增强农村“造血”能力

要实实在在谋划建设项目，切实加大财政、金融、税收等政策的综合支持力度，不断增加农村经营性收入，防止财政兜底现象。同时，根据各村的经济基础、资源禀赋等特征，拓宽村里发展路径。具体来说，一是要飞地抱团驱动，针对位置偏远、经济薄弱村单兵作战能力弱的实际，由县乡统筹整合资金资源，抱团发展物业经济，获取固定租金收益。二是要盘活资金撬动，采取村镇联建、村村合建等方式，抱团成立运营公司，整合盘活区域内优质资源资产实现收益，村集体通过股份分红持续稳定增收。三是要发挥特色产业带动的作用。通过直接发展或间接服

务效益农业、乡村旅游、农村电商、仓储物流等特色产业创收。四是要加强规范管理，坚持开源与节流并举，编制农村“小微权力”清单，注重“三资”管理，强化节支节流，减少村级非生产性支出，“抠”下资金投资优质项目，提高村集体经济收益。

专家观点

发展集体经济是破解乡村振兴制约因素的有效举措

只有大力发展壮大村级集体经济，才能全面推进乡村振兴战略，统筹推进农村经济建设、政治建设、文化建设、社会建设、生态文明建设和党的建设，让农业成为有奔头的产业，让农民成为有吸引力的职业，让农村成为安居乐业的美丽家园。

发展集体经济是提升农村基层党组织组织力的重要保障。实施乡村振兴战略，党的领导是前提，治理有效是基础。农村基层组织是我国社会组织的“末梢神经”，承担着治理基层的重大责任。办好农村的事情，关键是靠好的带头人和坚强有力的基层党组织。实践证明，发展壮大村级集体经济是凝聚党心民心、巩固执政基础的重要抓手。农村党支部要发挥好领导核心作用，必须要有必要的物质基础。穷家难当的困境，不但不能为群众提供必要的服务，带领群众脱贫致富更是力不从心，严重制约了农村基层党组织的凝聚力和战斗力。

发展集体经济是引领农民实现共同富裕的重要途径。实施乡村振兴战略，产业兴旺是重点，生活富裕是根本。税费改革后，农村党组织同群众之间利益链接越来越少，而村级集体经济属集体所有、村民共有，是党群之间最好的利益链接点。只有发展壮大村级集体经济，聚集体之智，举集体之力，才能补齐脱贫攻坚最后一块短板，不让一个群众在小康路上掉队。

发展集体经济是促进城乡融合发展的必由之路。实施乡村振兴战略，生态宜居是关键，乡风文明是保障。现阶段城乡差距大，最直观的是基础设施和公共服务差距大。制约农村公共服务和公益事业的最大问题就是村集体无钱办事、有心无力。解决这些问题，仅靠转移支付资金是远远不够的，解决公共财政投入不足问题最现实、最有效的途径就是发展壮大村级集体经济，增强基层组织自身造血功能，激活农村发展内生动力，让集体经济成为民心所向，民利之基。

——山西省隰县县委常委、组织部部长 杨海林

二、创新收益分享模式

促进农民持续增收是乡村产业振兴的重点任务，接下来，中央和地方包含农民增收的多项新政策将会得到逐步落实，尤其是在利益联结方式和利润分配机制方面。就目前的收益分享模式来说，推广多种利益联结方式能够让农户从合作中获得更多利益和技术经验；鼓励共同营销模式可以让农户的产品“走出去”，赢得更多市场份额，增加客户认可度和品牌吸引力；农户与企业之间建立稳定的订单和契约关系，能够促进农民增收的长效机制的形成；完善涉农企业的利润分配机制，对农户土

地经营权入股部分采取特殊保护，有利于农民负盈不负亏的分配机制的探索和形成。未来，还需创新更加高效高收益的模式，促使农民得到更多的收益。

（一）推广多种利益联结方式

设法增加农民收入是当下的重要课题，加快推广“订单收购 + 分红”“土地流转 + 优先雇用 + 社会保障”“农民入股 + 保底收益 + 按股分红”等多种利益联结方式，能够让农民分享到更多产业融合发展的增值收益，促进农村经济实现多元化，有利于乡村经济振兴，提高农民收入。

在“订单收购 + 分红”方面，需求单位与各村要加强沟通协调，确保订单按时保量完成。有关需求单位可以根据对农产品的需求量，向签订协议的贫困村下订单，各村根据订单组织种植，需求单位可以按订单收购相应农产品，农民从收入中获得分红。采取这种“订单收购”的模式，可以有效避免农产品种植的重复、过剩，做到合理规划、合理种植。用“订单收购”的方式来建立农产品收购长效机制。

在“土地流转 + 优先雇用 + 社会保障”方面，需要遵循“农民自愿”和“保护耕地”的原则。对于仍想继续种地的农民，《乡村振兴战略规划（2018 —2022 年）》提出，要在农村加速推广“土地流转 + 优先雇用 + 社会保障”的收益分享模式。农民如果把土地流转给合作社或者农企等新型主体，那么这些新型主体就有义务优先雇用流出土地的农户，并且给予社会保障。

在“农民入股 + 保底受益 + 按股分红”方面，出台的措施旨在保障流转土地后不再种地、转向从事其他行业农民的利益。推广“农民入股 +

保底受益＋按股分红”的收益分享模式，要尽力保证就业保障与农业劳动力转移进程相适应。只要合作社、农企等新型主体流转了农民的地，不管盈利还是亏损，都至少要保障农民有一份保底收入，如果实现盈利就要分红。这样的政策设计使在种植大户主导农业生产的未来，散户农民的生活水平仍然能够得到保障。其中在农民入股的问题上，要对农户土地经营权入股部分采取特殊保护，探索实行农民负盈不负亏的分配机制。农户土地经营权入股要作为一种特殊的资产和特殊权益，不能像一般的农民资金入股一样承担风险，让农民负亏会打击农民入股的积极性，不能给农民带来收益，也会影响到农民收入的稳定性增长。

除上述三种利益联结方式外，农村电商也逐渐成为利益联结机制的组成部分。目前农村电商发展较快，将广大分散的小农户通过合作社、协会等社会化组织与电商平台形成利益联结机制，在此过程中加快一二三产业融合也是促进乡村产业振兴的有效途径。

（二）鼓励共同营销模式

《乡村振兴战略规划（2018 —2022 年）》指出，鼓励行业协会或龙头企业与合作社、家庭农场、普通农户等组织共同营销，开展农产品销售推介和品牌运作，让农户更多分享产业链增值收益。采取共同营销模式，有利于扩大农产品的宣传力度，打造有地方特色的品牌。为了建立有效的共同营销模式，增加农民收入，可以从以下两方面入手。

一方面，可以鼓励农民以土地、林权、资金、劳动、技术、产品等既有资源吸引企业或合作社平台，根据不同合作主体的经营业务和不同特点，开展多种形式的合作与联合，有关部门也应依法组建运营规范、管理科学的农民专业合作社联合社，让农民在共同营销的模式中有主动性和话语权，强化农民作为市场主体的公平地位。

另一方面，引导农村集体经济组织合理开发利用集体土地、房屋、设施等资源和资产，做到科学开发、合理规划，充分利用各种资源，让资源成为吸引客户购买、平台合作的有效法宝。灵活组合运用股份制、合作制、股份合作制、租赁等多种合作形式，通过这些形式鼓励更多农村产业和企业主体积极参与农村产业的转型融合与发展。在实践过程中，根据农民的反馈和行动经验，监管部门要具体完善农民对集体资产股份的占有、收益、有偿退出及抵押、担保、继承等权能制度和管理办法。营销模式与配套措施共同发展，形成有吸引力的农产品品牌，让农产品走出去，让营销有实效，真正惠农利农，增加农民收入，振兴相关农村产业。

（三）农企间建立稳定的订单和契约关系

乡村振兴，增加农民财富、提高农民生活水平是关键。如何“促进农民持续增收”“不断拓宽农民增收渠道”是农村产业振兴的重要课题。在推广和鼓励新利益联结方式和共同营销模式后，需探索让农民收入实现稳定增长的机制。《乡村振兴战略规划（2018—2022 年）》指出，鼓励农业产业化龙头企业通过设立风险资金、为农户提供信贷担保、领办或参办农民合作组织等多种形式，与农民建立稳定的订单和契约关系。该措施旨在解决乡村振兴“人、地、钱”难题，让农业用地实现增值、农民种植实现增收。

1. 形成分工合理的农民合作组织

由农业产业化龙头企业领头或参与办立农民合作组织，引进先进的农业技术和管理经验，在实现科学生产、保证农产品供应的基础上，分享营销理念，促进农产品的加工和销售，形成稳定的收入来源。在这个过程中，要注重对农业专业合作社和农业产业化龙头企业两个主体的培育。

对农业专业合作社，要形成运营有效的经营方式。它是企业与农户的纽带，不仅有利于提升农户在产业发展中的组织化程度，而且也有利于农户和企业之间利益的协调。当前部分农业专业合作社还存在规模较小、内部管理不够规范、管理人员缺乏等问题，无法发挥农业专业合作社的重要作用。为了解决这些问题，要根据不同合作社存在的不足对症下药，在法律制度方面，要在法律上规定农业专业合作社的权利与义务，为有效培育专业合作社提供保障；在政府优惠政策上，政府可以为专业合作社提供必要的优惠贷款，支持专业合作社的发展；在合作社人才管理方面，通过培训，提高专业合作社管理人员的综合素质，规模小的专业合作社合聘技术人员、财务人员和法务人员，引导专业合作社向规范化、法制化方向发展。

对农业产业化龙头企业，要围绕主导产业培养带动性强的农业产业化龙头企业。引入和培育产业链长、产品附加值高、品牌影响力大的农业产业化龙头企业，有利于实现优势资源向优势产业、企业、品牌集中，实现集约化经营。一方面，要加强农地整理、灌溉等生产性基础设施建设，创造良好基础条件。另一方面，通过产业扶贫子基金优惠贷款、补贴，对申报驰名、著名商标、名牌产品与原产地认证企业给予奖励补助等方式培育龙头企业。同时支持龙头企业通过到贫困地区设厂、收购贫困地区农产品等方式与贫困地区农户或组织建立利益联结，保障贫困地区农业产业链顺利甚至高效实现利益生产。

专家观点

乡村扶贫资金使用将公示 接受社会监督

近几年我国扶贫资金大量增加。2012 年的时候，全国财政专项扶贫资金不到 500 亿元，2017 年达到了 2000 多亿元，整合资金 3000 多亿元，所以扶贫资金总量不少。然而，扶贫资金从中央到村，加强监管始终是个难题。其间，也发现贪污浪费、优亲厚友、挤占挪用等不少问题。

接下来将进一步采取措施把扶贫资金管好用好。首先是公开，中央财政、省级财政、市财政、县财政分配结果一律公开，乡村两级扶贫资金、扶贫项目要公示公告，接受社会监督。同时，目前正在部署在全国范围内进一步完善县级脱贫攻坚项目库。先把项目编制出来，让项目等钱，不要让钱等项目，解决地方不会干、不敢干的问题。

对于扶贫资金冒领挪用现象，要发现一起查处一起。我国脱贫攻坚实行最严格的考核评估制度，一是 22 个省之间交叉考核、互相考核；二是第三方评估，专家学者、博士生、研究生、教授、研究员等 1000 多人去每个省考核；三是媒体暗访；四是资金绩效考核。这一系列的考核，通过年终考核和平时考核相结合、定性定量相结合，是一套完整的考核体系。在2018年刚刚结束的实地考核中，应付、应对考核、企图蒙混过关、干扰考核等现象明显减少。

——国务院扶贫开发领导小组副组长 刘永富

2. 发挥农业产业化龙头企业资金支持的作用

通过设立风险资金、给农民提供信贷担保的方式，为农户提供必要的资金支持。在风险资金方面，龙头企业可以考察村民的种植产品特点、创业意愿，根据农产品的生产加工特点，设立相应风险资金，协助具有农业种植经验和缺乏资金的农民，支持农民创新创业，分担部分风险。

3. 培育和发展家庭农场

自家庭联产承包责任制实行以来，我国主要是以家庭为单位进行农业生产。人多地少、地势崎岖、耕地零散的实际决定了一些地方不具备发展大规模机械化农业生产的可能性，只能坚持发展适度规模的家庭农场。一是通过培训，提升家庭农场标准化生产和经营管理水平。二是合作，通过优惠贷款和荣誉授予等方式鼓励家庭农场与农户进行利益联结，带动农户共同发展特色种植业、畜牧业、渔业和观光农业。三是家庭农场根据基础设施建设的情况，进行土地确权登记、互换、并地、流转，村委会要为之提供方便。

（四）完善涉农股份合作制企业利润分配机制

在乡村振兴规划中，涉农股份合作制企业要完善企业利润分配机制，健全多元投入保障机制、加大金融支农力度，详细部署资本要素供给，系统解决乡村振兴中“钱”的难题。乡村振兴计划要顺利开展，离不开有力的资金投入，要让农民从产业振兴中真正获利，也要明确资本参与利润分配的上限，保证农民能够从利润中获取正常合理的报酬，从而保障农民利益。企业利润分配机制可以由专家主导，公众参与，采纳多方意见，科学论证，形成合理公平的利润分配机制。涉农企业作为参与乡村产业振兴的重要主体，其利润分配机制的完善关系着农民群体的利益和收益分享模式的有效性，是保证创新收益模式实行效果的具体措施。另外，完善利润分配机制也可以从宏观、微观以及激励政策和引入培育组织几个方面入手。

1. 宏观层面

从宏观农村金融改革来看，合理配置金融资源是乡村产业振兴中的重要金融配套改革措施。《乡村振兴战略规划（2018—2022年）》中对几十项重大工程都予以明确资金配套，将给农民和农村带来实际利益，含金量较高。国家支农体系相对薄弱，农村金融改革亟待落实，城乡之间的要素合理流动机制亟待健全。《乡村振兴战略规划（2018—2022年）》还提出，把更多金融资源配置到农村经济社会发展的重点领域和薄弱环节，更好满足乡村振兴多样化金融需求。这些金融资源配置措施包括健全金融支农组织体系、创新金融支农产品以及服务和完善金融支农激励政策。

2. 微观层面

从微观农村金融改革来看，农民财产权抵押和集体产权制度是改革重点。《乡村振兴战略规划（2018—2022年）》提出，稳妥有序推进农村承包土地经营权、农民住房财产权、集体经营性建设用地使用权抵押贷款试点。探索县级土地储备公司参与农村承包土地经营权和农民住房财产权“两权”抵押试点工作。《乡村振兴战略规划（2018—2022年）》还提出，结合农村集体产权制度改革，探索利用量化的农村集体资产股权的融资方式。提高直接融资比重，支持农业企业依托多层次资本市场发展壮大。创新服务模式，引导持牌金融机构通过互联网和移动终端提供普惠金融服务，促进金融科技与农村金融规范发展。

3. 采用激励政策和引入培育组织

要通过采用激励政策、引入多种组织等方式进一步完善利润分配机制。从激励政策来看，《乡村振兴战略规划（2018—2022年）》提出，要抓紧出台金融服务乡村振兴的指导意见；制定金融机构服务乡村振兴考核评估办法；发挥再贷款、再贴现等货币政策工具的引导作用，将乡村振兴作为信贷政策结构性调整的重要方向。引入和培育科技组织、专业市场、集体经济组织、农业园区和基地，延伸产业链，高效进行利益生产，也将提升价值链的整体价值，利益联结的利益相关主体也同时获得更高收益。

典型案例

怀宁县创新蓝莓产业收益分享模式

“是蓝莓让我家告别了贫困，现在我还有了自己的蓝莓基地，家里有了稳定的生钱路子。”说这话的，是怀宁县三桥镇双塘村朱华全。

十几年前，朱华全靠在沈阳打工赚的钱盖起了两层楼，想不到后来却成了低保户——由于两个孩子都被鉴定为二级残疾，需要妻子照看，朱华全的家庭收入一落千丈，在村干部介绍下，他参加了免费的蓝莓种植培训班，并自己种起了蓝莓，种植过程中，蓝莓幼苗由公司免费提供，技术人员经常免费指导。

打赢脱贫攻坚战，产业是关键，而如何构建起新型经营主体与贫困户联动发展、利益联结方式则是“关键中的关键”。怀宁县聚焦聚力蓝莓产业，推广“四带一自”产业扶贫模式，采取股份合作、技能培训、劳务用工、生产托管等行之有效的做法，走稳走实贫困人口依靠产业脱贫、持续增收之路。据统计，怀宁县通过蓝莓产业“四带一自”发展模式带动全县贫困户 2497 户次，带动贫困户增收 1185 万元，户均增收 4780 元。

怀宁县背依大别山，丘陵地区面积 95.49 万亩，丘陵岗地的土壤 90% 以上为红壤、黄棕壤，呈酸性至微酸性，且一直有野生蓝莓分布。经资源调查共有 10.5 万亩的面积适宜蓝莓种植。省农科院 1998 年在县园艺场进行了示范种植并取得成功，2004 年开始对怀宁山场土壤和自然环境进行考察论证，并于当年成园试种。截至 2018 年底，怀宁县共涌现蓝莓产业化企业 68 家、种植面积 3.5 万亩，建成蓝莓基地 132 处，初步形成了良种繁育、规模种植、休闲采摘、预冷保鲜、食品加工等较为完整的蓝莓产业链，蓝莓种植规模、鲜果产量超过全省一半，成为长三角地区最大的蓝莓种植区，该县黄墩镇还被评为“安徽蓝莓第一镇”。

山场流转＋雇工

陈小忠是三桥镇金闸村的一般贫困户，患病的他常年用药，不能干重体力活，妻子在外打工。美林蓝莓公司入驻三桥镇后，陈小忠将家中的山场流转给了公司，母亲郑金翠到家门口的蓝莓基地锄草、剪枝、摘果，一年下来能为家里增加几千元的收入。为了发展蓝莓产业，怀宁县将农户名下的山场、荒地予以合理流转，流转了山场、荒地的农户在蓝莓基地务工，蓝莓种植从山场翻耕到土地平整；从种苗栽培到除草剪枝；从施肥养护到采摘鲜果；从冷藏保鲜到精深加工，蓝莓产业全生产链有大量用工需求，吸纳了当地大量农村富余劳动力就地就近就业，如今有800余名贫困劳动者常年在蓝莓基地务工。此举既盘活了农村闲置资产，又增加了农户资产收益。

订单收购＋分红

对于农户个人或联户种植蓝莓的，蓝莓公司免费培训，免费提供幼苗，免费上门指导，同时，考虑到蓝莓精深加工投入大、准入条件和技术要求高，蓝莓公司与种植户建立稳定的订单和契约关系，由蓝莓公司保底收购，并按照事先约定分配其红利，确保一般种植户也能分享到蓝莓加工、流通环节的利润。近年来，怀宁县成功举办蓝莓种植培训班24班次，有712位贫困劳动者参加了订单定向式技能培训，有231人自己或联户办起了蓝莓种植基地。

农户入股＋保底受益＋按股分红

用扶贫小额信贷参股蓝莓企业，贫困户既能享受到保底收益，还能按股分到红。近年来，怀宁县有780户贫困户通过扶贫小额信贷资金入股蓝莓企业，每户每年可获得固定收益3000元。更有一些镇村结合农村“三变”改革，让贫困户用山场资源参股，投资发展蓝莓产业，真正实现了“资源变资产、资金变股金、农民变股东”。2018年，三桥镇金闸村整合扶贫奖补资金29.07万元，新建精品蓝莓采摘园，10户农户以25.8亩土地经营权入股，每亩田地以2000元折算，合计5.16万元，村集体占84.93%股份，农户占15.07%股份，每年年底分红，为保证入股农户利益，以土地入股的农户每年保底分红不少于每亩200元。

（来源：《今日怀宁》2018年12月20日）

三、强化政策扶持引导

为了积极探索中国特色农业现代化道路，加快现代农业建设进程，推动乡村产业振兴，《乡村振兴战略规划（2018—2022年）》提出：“发挥政府扶持资金作用，强化龙头企业、合作组织联农带农激励机制，探索将新型农业经营主体带动农户数量和成效作为安排财政支持资金的重要参考依据。以土地、林权为基础的各种形式合作，凡是享受财政投入或政策支持的承包经营者均应成为股东方。鼓励将符合条件的财政资金特别是扶贫资金量化到农村集体经济组织和农户后，以自愿入股方式投入新型农业经营主体，对农户土地经营权入股部分采取特殊保护，探索实行农民负盈不负亏的分配机制。”要加大政府对乡村产业经营主体发展扶持政策的宣传力度，使广大经营者、业主熟悉、了解各项扶持政策，切实感受扶持政策带来的发展机遇，增强其带动普通农户发展现代农业的信心和决心。

（一）制定、落实乡村产业振兴的相关法律法规

推动乡村产业振兴，需要制定相关的法律法规，要坚持正确的指导思想及立法原则，以促进和保障农村产业发展作为法律法规制定的基本原则。一方面，通过法律法规明确龙头企业、集体经济组织、合作组织、科技组织、专业市场、家庭农场、农业园区、基地等利益相关主体在农业产业化发展中的权利与义务。另一方面，完善农产品质量安全法规，对农产品质量进行严格把关。建立生产前、中、后全产业链的检验，坚持从农户获得种子到消费者买到农产品全过程的监督，保证农产品优质、高产、安全和生态。完善法律法规，明确农村市场经营主体的权利和义务、保障农村市场正常运行、维护农民的权益，为农村产业发展提供制度保障。

完善的法律法规是乡村产业振兴计划的强有力保障，但是其效用的发挥还需要有效的执行作为支撑。相关法律法规的实施需要来自乡村产业振兴主体的支持，即农民的支持。首先，需要培养与提升农民的法律意识，只有懂法才能更好地运用法律去维护自己的权益。这需要相关法律政府部门的配合，针对农民群众组织相应的培训教育活动，以法律知识的基础讲解作为主要培训内容，并在教育实践过程中，加强农民法治思想建设。将有关农民利益的法律教育及宣传作为重要工作任务，从乡村产业振兴、维护农民利益等要求出发，加大对农民法律素质的培养，以便提升维护其自身权益的能力。更为重要的是加强对农村基层干部的教育

培训，激发基层干部学习的主动性，并实行考核机制，对农村基层干部法律知识掌握情况、法律素质等进行评价，以便为其提供专门的法律知识指导，发挥他们在乡村产业建设中的重要作用。其次，需要法务部门加大对农村的法律服务支持，增加法律服务点的建设。基层法律服务主要是农民学习法律知识、利用法律手段维护自身权益的途径。为了实现这一目标，需要完善法律服务工作体系，提高基层法律服务人员的工作主动性，使他们能做好法律顾问，提供法律咨询等服务，以便更好地服务于乡村产业振兴。

（二）创新融资机制，拓宽企业融资渠道

实践证明，贷款难、融资难是制约农村产业发展的一个“老大难”问题。为破解资金瓶颈，政府应认真研究政策，通过政策扶持，进一步创新抵押模式和金融产品，积极拓宽融资渠道，加大资金投入力度，推动龙头企业与农牧户的关系由松散的买卖型向紧密的利益共同体转变，促进龙头企业和农民形成“风险共担、利益均沾”的利益共同体，把企业与农民的利益连在一起、抱成一团，形成一个整体，走向市场，实现共赢。

一是充分发挥农信社和农投公司等融资平台作用，通过政府担保公司提供担保或质押的形式，获取银行贷款支持，并将贷款支持投入乡村龙头企业，解决经营良好、风险较小的龙头企业及合作社资金不足问题。首先，对于政府投入的项目资金，不无偿直接投放给企业，可由政府委托相关部门组织实施，项目建成后租赁给龙头企业经营或将资产与企业合作入股，租金利润为老百姓分红。其次，整合项目资金，抓住和用好

允许贫困县整合使用项目资金的机遇，充分发挥政府扶持引导作用，研究制定管用的奖补扶持政策，在龙头企业基地建设、贷款融资、提质增效等方面进行扶持，扶持成长领军企业，扩大示范带动作用。

二是政府与金融机构积极探索动产质押等多种担保形式，扩展抵质押品范围，为金融机构信贷产品创新提供条件；对大额度以及大项目的农户资金需求，可以通过创新“合作社联保”和“农牧民专业合作社联姻”贷款品种，破解企业融资难、担保难的问题。

三是政府合理使用扶贫资金和产业扶贫子基金，使扶贫资金和扶贫产业子基金在打赢产业扶贫硬仗中发挥更好作用，产生更大更多扶贫效益。首先，扶贫资金和产业扶贫子基金应遵循“政府主导、企业主体、市场运作、风险可控”的原则，按照“强龙头、创品牌、带农户”的思路组织实施，为各个地区脱贫攻坚投资基金的规范管理提供了全新政策保障。为了确保扶贫资金和产业扶贫子基金扶持项目成功和产业增收效益到户，可以采取以资折股、入股分红、租赁使用等形式，提升资金使用效率和效益。其次，要充分发挥政府投入在扶贫开发中的主体引导作用。加大扶贫资金投入力度，拓宽扶贫融资渠道，充分发挥贫困户在产业发展中的主体地位，引导贫困户根据自身条件和能力自主选择发展产业，加快脱贫致富步伐。

（三）政府完善农业社会化服务体系

新型农业社会化服务体系是以公共服务机构为依托、合作经济组织为基础、龙头企业为骨干、其他社会力量为补充，公益性服务和经营性服务相结合、专项服务和综合服务相协调的，为农业生产提供产前、产中、产后全过程综合配套服务的体系。建设覆盖全程、综合配套、便捷高效的社会化服务体系，是发展现代农村产业的必然要求。农业服务社会化是农业现代化的重要标志，构建新型农业社会化服务体系本身就是现代农业建设的应有之义，是完善紧密型利益联结机制的必然要求。

知识链接

农业社会化服务体系

农业社会化服务体系，是指与农业相关的经济组织为满足农业生产发展的需要，为直接从事农业生产的经营主体提供各种服务而构成的一个网络体系。它是运用社会各方面的力量，使各类农业生产经营单位适应市场经济的需要，克服自身规模狭小的弊病，获得专业化分工和集约化服务规模效益的一种社会化的农业经济组织形式，是在商业性农业发展的基础上，围绕农业生产部门而形成的一种现代农业分工体系，其所涵盖的内容相当广泛。从服务的内容看，有供应服务、销售服务、加工服务、信息服务等。从服务的组织看，有乡村集体经济内部的服务组织、农业技术部门的服务组织、大中专院校和科研单位等。从服务的类型看，有服务风险型、政府引导型、龙头带动型等。农业社会化服务体系是否完善，是衡量一个国家农业商品化和现代化程度的重要指标。

从本质上说，农业社会化服务体系，就是农业的分工体系和市场体系。随着农业生产力的发展和农业商品化程度的不断提高，传统上由农民直接承担的农业生产环节越来越多地从农业生产过

> 程中分化出来，发展成为独立的新兴涉农经济部门；这些部门同农业生产部门通过商品交换相联系，其中有不少通过合同或其他组织形式，在市场机制作用下，同农业生产结成了稳定的相互依赖关系，形成一个有机整体。

农业社会化服务体系也是实现农业现代化的重要支撑，是加强政府与农村各经营主体之间利益联结关系的重要保障。首先，通过提供社会化服务，可以有效地把各种现代生产要素注入家庭经营之中，不断提高农业的物质技术装备水平；也可以在家庭经营的基础上发展规模经营、集约经营，不断推进农业生产专业化、商品化和社会化。其次，通过政府购买、定向委托、奖励补助等方式，政府重点扶持贫困村集体经济组织发挥社区服务功能，组建各类农业专业服务社，协调农户与企业之间的利益关系。开展代耕代管代收、病虫害统防统治、农资连锁经营、农机作业、水利灌溉等专业化、社会化服务，为新型农业经营主体提供低成本、一体化、全产业链服务，使农民与经营机构之间的利益关系更加紧密。

（四）建立长效利益协调机制

自改革开放以来，我国农村农业结构发生了深刻变化，各种利益关系也出现了多元化，在产业振兴过程中的经营主体之间形成了许多新的利益矛盾。因此，要调整这种利益关系，协调利益矛盾，政府应遵循统筹兼顾的原则，建立长效利益协调机制，解决各经营主体之间的矛盾关系，使新型农业经营主体与农户之间形成紧密型的利益联结关系。

加强新型农业经营主体之间的紧密的利益联结关系，首先，建立产业链利益相关主体沟通平台、信息平台和诚信监督平台，降低合作组织的管理经营成本、订立契约的制度成本和履约成本等合作成本，解决大部分新型农业经营主体与农户之间是松散型的合作关系或口头合作关系这一现象，使其在技术、信息和产前、产中、产后服务各方面真正有效落实。

其次，制定农业利益补偿政策，可以通过建立农业保险或者国家补贴政策，有效弥补农产品生产投资力度大、周期长、生产成果不稳定特点带来的风险，保障利益相关主体在合作中的利益，加强政府和农民之间的利益联结关系。

再次，政府对新型农业经营主体要建立惩罚机制，通过限制进入、不良信息公开、进入负面清单等方式严厉惩罚因农业生产周期长、农产品价格波动大而违反合同契约的机会主义。

最后，每个季度政府对区域内新型农业经营主体尤其是龙头企业和贫困户的利益联结情况进行更新和存档，及时跟踪调研利益联结紧密、效益突出的龙头企业、合作社以及所涉及的农户，并对其给予宣传与奖励。

延伸阅读

1. 崔红志、苑鹏、刘同山等：《创新体制机制 发展壮大农村集体经济》，中国社会科学出版社 2018 年版。

2. 姜长云等：《乡村振兴战略：理论、政策和规划研究》，中国财政经济出版社 2018 年版。

3. 黄继元、白志红：《乡村旅游用地增值收益公平分配机制研究》，经济科学出版社 2018 年版。

深度思考

1. 在农村紧密型利益联结机制日益完善的情况下，农民如何更好地维护自身权益，增强自己的获利能力？

2. 如何保障各项政策制度的真正落实，让百姓真正获得国家政策制度的红利？

3. 如何确保各种收益分享模式，如农民与企业、农民与农民之间的公平公正？

第九章

激发农村创新创业活力：创新是产业发展的不竭动力

农村发展与国家繁荣富强息息相关，是我国社会主义发展的重点工作。当下，在我国推进实施乡村振兴战略、全面建成小康社会的过程中，还存在着一些重点难点问题，较为突出的一点就是创新创业活力不足。为此，要紧跟“大众创业，万众创新”的时代浪潮，抓住创新和创业两个重要抓手，积极寻找农村发展机遇，不断激发农村创新创业活力，通过政府、企业、人才及社会的多方参与和合作，共同致力于对农村的开发和再造，增强乡村经济发展的旺盛活力，形成全民双创的生动局面，早日实现全国人民共同富裕。

一、培育壮大创新创业群体

创新创业需要多方参与，需要政府的扶持和指引，需要企业的创造，需要有关机构的技术研发和服务，更需要人才等生产要素及主体间的通力合作。目前，我国创新创业群体还不够庞大，农村劳动力流失严重，农业企业数量少且与组织、机构等主体合作力度有待加大，亟须更多的人才下乡返乡、加强各主体间的通力合作，形成强大合力，共促农村发展。为培育壮大创新创业群体，以下几个方面是重要工作内容。

（一）鼓励农民及大学生就地创业、返乡创业

农民工是乡村发展的重要力量，虽然目前有很多村民由于各种各样的原因离开故乡、在外打拼，在社会上形成了庞大的农民工群体，但是相信他们中的每个人永远心系家乡，都有一颗为家乡作贡献的热忱之心。大学生同样如此，绝大多数大学生都心怀抱负，也有着为家乡作贡献的思想和决心。通过各种政策鼓励这些农民工和大学生就地创业、返乡创业，不仅可以满足他们归乡发展、为故乡作贡献的愿望，而且对于区域经济发展也具有重要意义。

一方面，返乡创业人员经过在外的学习和经历，自身有一定的经验积累、能力提升和理论知识基础，因此会有较好的自身创业基础，再加上对本土资源、文化等各方面的了解及当地的特色，使返乡创业的成功率更高一些，创业的成功可以带动当地更多村民参与进来，形成产业，进而促进当地尤其是贫困地区的发展。另一方面，农民就地创业、返乡创业对于经济结构具有良好的调整、优化作用。目前我国有不少实例，一些返乡农民工将本土产业和农产品与旅游、物流、互联网等相结合，推动了农业的商品化、规模化，丰富和完善了经济结构。总而言之，我们要大力吸引、鼓励和倡导农民和大学生就地创业、返乡创业。

1. 加大对农民和大学生就地创业、返乡创业的宣传力度

既可以充分利用电视、网络、报刊等媒介，也可以在乡村举办就地创业、返乡创业的动员大会，通过各种形式广泛宣传政府对于就地创业、返乡创业的各种优惠政策，同时列举一些回乡创业的成功案例，对先进创业者、回乡就业模范等进行表彰，通过舆论和形式烘托，在思想和精

神层面提高在外务工人员“返乡创业，回乡就业”的积极性。

2. 加大政府对农民和大学生就地创业、返乡创业的政策和资金支持

在政策方面，要对回乡返乡人员从各个方面给予各种奖励或补贴政策，如对回乡就业、返乡创业大学生给予一些奖励政策，对回乡就业、返乡创业农民在子女教育、医疗保险等各方面给予保障政策，等等。另外，对于返乡创业要制定完善专项扶持政策，要考虑就业带动因素，激励就业创造效应明显的创业项目。对区位条件较差的地方，采取创业支持的倾斜政策，主要从创业就业信息、从业培训、项目申请等方面给予支持；对于区位条件较好的地区，鼓励农村创新创业园、农村创客基地等形式争取聚集发展。在资金支持方面，可以适当扩大小额信贷扶持范围，同时，政府对特殊创业项目贷款予以贴息。另外，政府用于开发性生产经营项目的资金，在使用方面可向返乡创业农民和大学生倾斜。

3. 对返乡农民工和大学生的政治地位给予重视和帮助

为更加吸引农民和大学生返乡创业，还要提升返乡农民工和大学生，尤其是返乡农民工的政治地位，如对返乡创业的特别优秀人员在人大代表或政协委员选举中给予青睐，或让部分优秀人员在本村或社团组织担任职务，增强他们创新创业共同体的归属感和荣誉感，带动更多的农民和大学生就地创业、返乡创业。

（二）培育以企业为主导、多主体协同的农业产业技术创新战略联盟

农业产业技术创新战略联盟通过开展成果转化及产业发展促进、联

合攻关和技术研发、标准化工作等工作内容，对于地方百姓及周围区域的经济效益及辐射影响巨大。参与农业产业技术创新联盟各项工作开展的主体主要有农业龙头企业、农业合作组织等农业实体，高等院校，科研院所，社会中介组织等，企业在联盟中无疑是至关重要的，它是创造利润、带动农业产业发展的主力军。其他主体也是不可或缺的，扮演着重要角色，承担着重大责任。因此，我们要努力培育和发展以企业为主导、多主体协同的农业产业技术创新战略联盟，加强科研机构、高校、企业、返乡下乡人员等主体协同，推动农村创新创业群体更加多元，推动产学研合作，提高资金、技术和服务的扩散速度，进而带动和支持返乡创业人员依托相关产业链创业发展。

1. 加强政府对联盟的引导作用

政策和经济杠杆是政府可利用的有效手段，政府可通过对联盟发展给予一定的资金和物力支持，促进联盟的长效稳定发展。在制度方面，要建立健全市场进入退出机制。对于联盟内外在技术、创新等各方面发展较好的企业或其他主体机构，要给予重点扶持，同时引导和促进联盟外的较好主体加入联盟，但是对于一些发展落后、效益差、竞争力不强的弱势企业、机构或其他参与主体，要及时淘汰，将其退出联盟；在财政、税收方面，政府要加大对农业产业创新联盟的资金支持力度，加大农业科研经费投入。另外，通过降低行政收费、税收优惠、完善土地使用权流转制度等优惠政策吸引投资主体投资农业产业企业。

2. 促进联盟各主体发展及深度合作

一方面，科技中介机构对于科研成果的示范、推广、转化及为农业产业实体提供技术服务等各方面都具有重要作用，因此，要加强中介服务机构建设，建立健全各大中介服务机构，打造功能社会化、组织网络化、服务产业化的科技中介服务体系。另一方面，要促进产学研深度融合。高校及科研机构要加大创新和研发力度，为农业产业提供更多优秀科研成果，中介机构要做好服务和联通作用，积极促进成果转化，企业要将高校及科研机构的优秀科研成果实际加入企业产品加工过程中，生产出更多优质、畅销、具有特色的农产品，真正带动农业产业发展，真正利好于农民。

3. 建立健全农业产业技术创新战略联盟政策和法律法规

联盟要想健康稳定发展，离不开各项政策和法律法规的约束和保护。完善的制度可以为联盟有效运行提供良好的外部环境，增强联盟内生动力，健全的法律法规可以为联盟带来法律保障。在农业产业技术创新战略联盟运行中，研发项目产生的技术创新成果和知识产权需要事先制定许可使用和转化收益分配办法，明确权利归属，对联盟中违法违规行为要加大惩罚力度，保护联盟成员的合法权益，促进联盟长远稳定健康发展。

知识链接

农业产业技术创新战略联盟

农业产业技术创新战略联盟将社会中各种生产要素聚集起来，联盟成员间以契约的方式联合起来，充分利用联盟内各成员的资源，研发新技术，降低生产成本，开拓新市场，提升产品市场竞争力。

农业产业技术创新战略联盟的组成成员一般包括农业龙头企业、农业合作组织等农业实体、高等院校、科研院所、社会中介组织等，其特征如下：

1. 联盟以技术为核心，各主体广泛参与

农业技术创新战略联盟涉及多个主体，联盟以农业技术为核心，联合攻关农业关键技术，大力提高农业科技成果转化效率，提升农业生产力水平，对于发展周边地区农业农村经济起到很好的示范和带动作用。

2. 农业企业在联盟中发挥主导作用

农业技术创新战略联盟一般由企业自行发起和组织规划，联盟以产业利益为出发点，以产业技术创新为基础，以农业产业技术进步、农业实体市场竞争力的提升为最终目标。因此，农业企业在农业技术创新战略联盟中发挥主导作用。

3. 联盟承担的风险较大

农业作为一种弱质产业，生产周期长、回报慢、受环境影响大，会面临严重的自然灾害，不可控因素多。另外，还存在供给弹性大、需求弹性小，在买方市场条件下容易形成过度竞争。农业技术创新战略联盟相较于其他产业技术创新联盟承担的风险更大。

（三）引导和推动生产要素向农村创新创业集聚

生产要素是指进行社会生产经营活动时所需要的各种社会资源，是维系国民经济运行及市场主体生产经营过程中所必须具备的基本因素，主要包括劳动力、土地、资本、技术、信息等。生产要素是创新创业的基础，是最宝贵的资源。然而，在一些农村地区，各生产要素非常缺乏，尤其是技术、信息、资金等现代生产要素，在拥有、利用生产要素方面处于先天的弱势地位，一些较为偏僻和封闭的乡村，生产要素更加稀缺，阻碍了乡村发展、乡村振兴的进程。因而，要积极引导和推动生产要素向农村创新创业集聚，有了生产要素，就有了发展的筹码、武器和方向，一些当地农民才能利用生产要素创新创业、发家致富，才能吸引更多的农民返乡创业，壮大创新创业群体。

1. 引导和推动生产要素向农村创新创业集聚，离不开政府的努力

在土地资源方面，政府要合理规划土地开发与充分利用，建立健全各项土地制度，给予就业创业者更多利用土地发展的机会；在劳动力方面，政府要出台一系列优惠和保障政策，提高创新创业者在农务农的积极性，留住在村农民、吸引在外人才；在资本方面，政府要促进农村与金融机构的合作，鼓励金融机构对农业项目的贷款，对农民贷款给予一定的贴息补助，鼓励农民创新创业；在技术、信息、管理等方面，要深入推行科技特派员制度，不断壮大科技特派员队伍、完善科技特派员选派政策、健全科技特派员选派机制，使农业科技创新支撑水平切实得到提升、新型农业社会化科技服务体系得到完善、农村科技创业和精准扶贫工作取得丰硕成果。

2. 引导和推动生产要素向农村创新创业集聚，离不开企业、社会各组织的参与和支持

企业作为具有规模性的主体，可以为农村创业提供先进的组织方式

和管理经验，或者通过具有的资金、技术等优势，对农村创新创业进行投资，开发更多创新性的项目，带动农村农业的相关发展。学校及科研机构要加大对农业农村的研究和开发，创新出越来越多的技术和方法并应用于农业，提高农业生产效率和质量。社会各阶层要加大对农村创新创业的关注度和宣传，鼓励在外农民、大学生及技术人员投身乡村，发挥自身才能，为乡村发展贡献力量。同时，要提高社会资本对乡村创新创业的信心，将闲置资本投资农业项目，为农村发展注入资金活力。

专家观点

用“三乡工程”作为实现乡村振兴的新引擎

市民下乡、能人回乡、企业兴乡的“三乡工程”，适应社会主要矛盾变化，着力解决城乡发展不平衡不充分问题，突围了乡村振兴人才短缺、资金不足、增收困难三大瓶颈，为农村创新创业探索了新模式。“三乡工程”内涵是：鼓励市民下乡休闲养老，引导在外能人回乡创业，发动工商企业投资兴乡，用好农村资源，撬动乡村振兴。“三乡工程”的最大特色，就是充分依靠社会力量，发动一批政治素质好、有事业心、有责任感、有情怀的工商企业家和新知识阶层、在外成功人士投身投资农业农村建设，重点引导本地能人回乡创业，带动“三农”发展，用市场机制去激活城乡要素有序流动，真正促进城乡融合发展。“三乡工程”打破思维定式，打出政策“组合拳”，推动了城市资金和人才流向农村，通过土地流转、下乡创业和闲置资源利用等方式，进一步拓展了创新创业空间，为农业供给侧结构性改革探索了新路子，激活城市要素参与农村发展的新动能，增加了农民的财产性收入、务工收入和经营性收入，为促进农民脱贫致富提供了新抓手。实施“三乡工程”，倒逼各地加大对环境改造的投入力度，不少市民下乡租用民房体验农村田园生活的乐趣，提高了生活品质和幸福指数。城市的退休干部、艺术家、作家、教授及其他市民，到农村创新创业，带给农民的不仅仅是经济上的收益，更重要的是通过潜移默化，带动农民观念的转变和文明素质的提升，不断满足人民日益增长的美好生活需要。

——贵州省社科院区域经济研究所研究员 魏霞

二、完善创新创业服务体系

创新创业不是一蹴而就的，成功率也不是百分之百，它是一个循序渐进的过程，需要有关主体的指引和帮助，而创新创业体系正为创新创业者提供了所需信息、指导和培训。因此，要不断完善创新创业服务体系，通过加强乡村创新创业服务平台建设、建立农村创新创业园区（基地）、建设“星创天地”等做法，经过专业的指导、培训和管理来细化和规范创新创业过程，提高创新创业成功率。

（一）加强乡村创新创业服务平台建设

乡村创新创业服务平台对致力于乡村创新创业的人员具有重要作用，它如一座桥梁，将创新创业者和创新创业项目连接起来，帮助创新创业者成功创业，带动乡村发展。同时，平台又可为创业者指明方向，创业者不仅可通过平台了解各类创业机会和信息，而且能得到专业的咨询和指导，享受各方面的帮助和支持。因此，要不断加强和完善这一集咨询服务、培训服务等内容为一体的乡村创新创业服务平台的建设，不断满足创新创业者关于项目的合理需求，为他们提供指引和方便。为促进平台的完善发展，要在人才队伍建设、服务内容建设、管理建设、监督检查与考核评价建设等方面做出努力。

1. 人才队伍建设

要严格执行人员招聘标准，大力招募服务平台工作人才。执行从事乡村创新创业服务平台工作的人员，首先，要在管理、技术、服务等方面有一定的专业知识和素养，为在实际培训和工作学习中出色完成各项工作任务奠定扎实的基础。其次，要进行严格的岗前培训，要对乡村创新创业相关法律法规、政策文件及当地乡村发展现状达到一定的熟悉和了解程度，达到考核标准才能正式上岗。最后，平台服务人员要能严格遵守各项管理制度，具有良好的职业道德和服务“三农”意识及对服务工作的热爱。

2. 服务内容建设

不仅要及时收集整理发布与金融、培训、财政、社会保障等相关的政策，并通过报纸、专栏等形式做好政策的相关解读、咨询等服务，从而加大政策宣传，而且要加强创新创业的指导工作，如提供创业能力测试和涉农创新创业项目推介服务，提供风险评估、开业指导、信息咨询、跟踪扶持等服务，提供法律、会计、评估、知识产权、科技申报、金融等服务。另外，要丰富创新创业培训形式，如定期邀请相关领域专家开展相关创新创业技能培训，联合知名企业、高等院校和科研院所等为乡村创业人员提供实习、实训和见习服务，定期组织创业人员参加创业创新沙龙、创业创新大讲堂、创业创新训练营等创业辅导活动等。在线上服务方面，可具备信息发布、网上咨询、专题讲座等多种功能。

3. 管理建设

要做好以运营、项目、制度、经营、档案为主的管理工作。在运营管理上，要定期对办公秩序进行维护，不能出现不良及违法现象；在项目管理上，要按照相关标准，做好项目的入驻和退出，促进平台项目健康发展；在制度管理上，不仅要建立完善的创业实体评估准入与退出、服务帮扶等规章制度，而且要制定健全的经营管理、信用管理、财务制度等管理制度和基础资料台账，保障各项工作有序稳定进行；在经营管理上，应做好创业实体报表和数据收集、统一管理与指导等各项工作，加强对创业实体的各项管理，同时对创业实体在经营过程中遇到的问题邀请专家团进行指导；在档案管理上，要对创业实体的档案信息、政策文件、创业产品宣传推广等进行定期管护。

4. 监督检查与考核评价建设

要同时做好对创业实体的监察和考核评价工作。一方面，要定期或不定期对创业实体的项目、产品、卫生、环境等进行监督和检查，对于存在的问题要及时指正。另一方面，要建立考核评价机制，对创业实体项目进行定期考核评价，并建立档案，对考核不及格、整改不合格的创业实体，不给予相关政策优惠或者终止在平台的服务协议。

（二）建立农村创新创业园区（基地）

2016年，《国务院办公厅关于支持返乡下乡人员创业创新 促进农村一二三产业融合发展的意见》提出创建创业园区（基地）这一政策措施，指明，要“按照政府搭建平台、平台聚集资源、资源服务创业的思路，依托现有开发区、农业产业园等各类园区以及专业市场、农民合作社、农业规模种养基地等，整合创建一批具有区域特色的返乡下乡人员创业创新园区（基地），建立开放式服务窗口，形成合力”。2017年，国务院办公厅印发的《关于促进农村创业创新园区（基地）建设的指导意见》，就推进农村创业创新园区（基地）建设从重要意义、总体要求、重点任务、保障措施提出具体意见：加快农村创业创新园区（基地）建设，有利于整合市场准入、金融服务、财政支持、用地用电、创业培训、社会保障、信息技术等政策措施，有利于聚集土地、资金、科技、人才、信息等资源要素，有利于开展见习、实习、实训、创意、演练等实际操作，形成统一的政策服务窗口、便捷的信息服务平台和创业创新孵化高地，吸引更多有一定资金技术积累、较强市场意识和丰富经营管理经验的返乡下乡人员到园区（基地）开展生产经营活动。建设好农村创业创新园区（基地），推动形成以创新促创业、以创业促就业、以就业促增收的良性互动格局，为现代农业发展注入新要素，为增加农民收入开辟新渠道，为社会主义新农村建设注入新动能具有重要意义。

建立农村创新创业园区（基地），政府将承担着重大责任。一方面，政府要充分认识促进农村创业创新园区（基地）建设的重要意义，可依托现有产业园、开发区、合作社等，为返乡下乡人员创建一批具有区域特色的返乡下乡人员创业创新园区（基地）。同时，发现园区（基地）

存在的各种问题，如人才、技术、市场等的缺失，并通过加大沟通协调力度、推出具体办法和配套方案，使各项问题得到解决。此外，要创建一批重点面向初创期“种子培育”的孵化园（基地），为鼓励返乡人员到孵化园（基地）创业，政府可给予一定的租金补贴。

另一方面，要发挥和加强发展较好的农村创新创业园区（基地）的示范带动作用，且加强对其宣传力度。如推出一批全国农村创新创业示范园区（基地）样板，鼓励和促使更多农村创新创业园区（基地）的建立，吸引更多人才走向创新创业园区（基地）。要充分利用网络媒体等各种方式，加强对创新创业园区（基地）的宣传推介，对其多加报道，将园区（基地）基本信息、优惠政策、设施建设等情况向公众发布，营造良好的发展氛围，加快农村创新创业发展。此外，举办农村创新创业园区（基地）实体参观活动，由有关部门组织，加深创新创业者对园区的了解和学习，积累创新创业经验。

（三）推进“星创天地”建设，促进农村创新创业

“星创天地”可以理解为“星火燎原、创新创业、科技顶天、服务天地”，是乡村振兴的动力源泉，对于农业产业发展具有重大意义。一方面，它极大地满足了农村领域创新创业需求。“星创天地”不仅可为创客提供创业示范场所、培训基地、企业孵化场所、研发和检验平台，而且还有对农业产业较为熟悉且经验丰富的服务团队和老师对创客进行专门和专业的指导，满足创客个性化需求，这样可以有效降低和规避农村创业周期长、风险大、利润低的问题。另一方面，“星创天地”可以有效带动人才、技术等生产要素涌向农村和农业。创业主体把先进的组织方式引入农村，带动现代生产要素逆向流到农村地区，通过创客的示范，带

动农民经济发展，即“做给农民看、带着农民干、领着农民赚”。因此，要不断建设和发展“星创天地”，推进农村创新创业。

1. 要加快农业科技成果转移转化

农业要实现真正的腾飞，必须要有实际可行的科技成果及其应用，为此，要培育一批能够支撑实体经济发展和产业转型升级的农业高新技术企业，同时要注重能汇集各种生产要素、信息及科技产品的平台的搭建，集聚农业科技成果研发机构、创新创业人才、重大创新成果等创新资源，将农业科技成果转化为实际生产力，提升农业产业竞争力。

2. 要培育壮大一批新型职业农民

目前，有很多农民对于技术性、理论性的要领和知识不精通，凭借“星创天地”专业化的优势，对农民进行多层次、多形式、广覆盖、经常性、制度化的培训，如邀请或安排专业老师以讲座或实地培训的方式对农民进行讲解和指导，提高他们的能力和综合素质，将他们打造成新型职业农民，以适应市场和社会变化形态，真正与科技、技术接轨。

3. 要创新驱动，精准扶贫，精准脱贫

治贫先治愚，扶贫先扶智。一味地寻求政府补贴或政府带动等方式，只能起到“输血”作用，真正要使农村地区脱贫，还需将“扶志”与“扶智”相结合，发挥其“造血功能”。因此，要在贫困地区建设“星创天地”，创客根据当地优势主导产业，结合当地资源禀赋和环境，利用区位优势及自身独特优势，发展“农业＋各类行业”，带动更多的村民加入，做大做强农业，共同致富。

4. 要加大政府支持

“星创天地”作为一种开放性综合服务平台，特别需要政府的各项支持和帮扶。具体方式上，政府可对“星创天地”培训基地（场所）、平台等提供服务者给予一定的补贴，或通过设立“星创天地”有关基金，鼓励创客创新创业。另外，政府还可通过金融方式为“星创天地”企业、平台等提供资金，如以股权投资方式支持“星创天地”在农村创新创业，或对创客、企业给予一定的金融贷款贴息，减缓在“星创天地”建设和发展过程中参与者与提供服务者的资金难题，加强金融与农业的合作。

专家观点

人才回归创业，关键点是服务

政府公共服务的重要职能，就是为经济社会创造良好的发展环境。当前，优化环境是发展的第一要务，改善投资软环境正兴势而起，人才回归创新创业的关键和核心也是服务。要从政府层面加强对市外投资创业人员的服务和支持，不断提升教育、医疗等服务水平，解除回乡者的后顾之忧。要坚持深化行政审批制度改革，进一步提升行政服务效能，探索建立党政领导干部联系回归企业制度、项目跟踪服务制度等，帮助解决回归项目实施过程中的具体问题。要严格落实各项优惠政策，让在外的各类人才想回来、愿意回来、真心回来。

——河南省南阳市委常委、组织部部长 吕挺琳

三、建立创新创业激励机制

激发农村创新创业活力，还需要建立创新创业激励机制，要让创新创业者“想干、敢干”。首先，要在思想上提高他们的认识，让他们认识到农村是一块发挥自我才能的风水宝地，意识到进入农村创新创业是一个重大机遇。其次，要在政策上给予支持和鼓励，通过各项优惠政策，减小创新创业者的阻力，为他们带来更多的希望。最后，还要落实对创新创业者所需条件的支持措施，为他们提供各种方便和好处，减小他们的创新创业难度，以此对他们起到一定的激励作用。

（一）提高青年对留乡、返乡创新创业的思想认识

2018 年 3 月 8 日，习近平总书记在参加山东代表团审议时强调：“要推动乡村人才振兴，把人力资本开发放在首要位置，强化乡村振兴人才支撑，加快培育新型农业经营主体，让愿意留在乡村、建设家乡的人留得安心，让愿意回报乡村的人更有信心，激励各类人才在农村广阔天地大施所能、大展才华、大显身手，打造一支强大的乡村振兴人才队伍，在乡村形成人才、土地、资金、产业汇聚的良性循环。”确实，人才是乡村振兴和乡村发展的根本，创新创业也只有经过人才的探索和实践才能得以实现。针对目前部分乡村成为“703861 部队”（老人妇女儿童）留守地，广大农村呈现边缘化状态，乡村衰败，沦为“回不去”的故乡，很多人才倾向于走向大城市而不愿涌向乡村等现实问题，必须要加强对青年留乡、返乡的思想认识，尤其是对现有农村青年及城市一些具有技术、知识的广大青年，要让他们意识到，乡村与城市一样，都有着可以发挥自我优势、实现理想和抱负的广阔舞台。

提高青年留乡、返乡创新创业的思想认识，离不开对青年人展开思想教育和加大宣传推广。农村需要有才有识之人，更需要热爱农村、愿意奉献农村、为农村作贡献的人，为此，要提高青年投身农村的意愿，引导他们树立正确的就业观，鼓励他们走进农村、留在农村创新创业。对于现有农村广大青年，村里领导要及时做好他们的思想工作，鼓励他们利用对本土文化和资源的了解进行创新创业，提高他们为家乡作贡献的热情；对于高校大学生，有关部门要积极宣传乡村优势及下乡创新创业的各项优惠政策，激发他们对于农村的情感，鼓励他们走进农村，实现自我价值；对于在外已工作人员，更要向他们渗透农村存在的众多机遇、好处及对他们的需求，希望他们能投身乡村，利用自身经验、技术、技能等为乡村贡献力量。

另外，要加大农村创新创业的宣传推广，激发青年创新创业的热情。一方面，宣传各项优惠政策；另一方面，宣传各种典型案例，尤其是注重成功创新创业人员的经验分享，除利用有关媒介进行宣传报道外，还可以开展农村创新创业的参观和体验活动，或者开展创业培训。把对农村创新创业感兴趣的人群组织起来，实地参观创新创业园区（基地）、"星创天地"等，分享创新创业成果，通过有关人员的讲解和他们的实际参观了解和体验，提高他们的热情和积极性。或者让他们实际参与，采取线上学习与线下培训、自主学习与教师传授相结合的方式，开辟培训新渠道，在实际培训中，提高他们对创新创业的兴趣。

典型案例

激发农业农村科技创新创业活力

2018年9月20日，由科技部农村科技司主办，中国农村技术开发中心、江苏省科技厅承办，中共邳州市委、邳州市政府协办的全国“星创天地”工作推进会在邳州举办，邳州市建好“星创天地”助力乡村振兴做法受到一致肯定。

“星创天地”是以农业高新技术产业示范区、农业科技园区、高等学校新农村发展研究院、农业科技型企业等为载体，整合科技、人才、信息、金融等资源，面向科技特派员、大学生、返乡农民工、职业农民等创新创业主体，集中打造出的融科技示范、技术集成、成果转化、融资解化、创新创业、平台服务为一体的综合平台。

邳州市坚持以“政府引导、企业主体、市场运作、社会参与、农民受益”为原则，积极做好“星创天地”建设工作，依靠创业带动就业，激发农业农村科技创新创业活力，培育了一批有技术、会创业、懂管理的职业农民，不断将“星创天地”打造成为新时代创新驱动发展的新载体、农村科技创业的新舞台、助力脱贫攻坚的新抓手。“星创天地”与中国科学院、江苏省农科院、山东农业大学、天津科技大学、扬州大学等高校院所建立了长期稳固的技术合作关系。组建了省级大蒜、银杏产业技术创新战略联盟。初步形成龙头企业联动农户和基地的产业化发展模式，促进了邳州市的农业产业发展。

邳州市依托徐州国家农业科技园区邳州核心区、省级现代农业科技园区、农业重点龙头企业、科技型农业专业合作社等培育“星创天地”。围绕邳州市农业主导产业，引领乡村振兴。重点依托“一棵树的风景”“一块板的家居”“一头蒜的保健”“一朵花的美丽”等区域特色产业建设“星创天地”，规划建设大蒜产业、银杏产业、木业家居、花卉产业、草莓产业、设施蔬菜产业等30家“星创天地”，发展孵化培育创新创业企业和新型农业经营主体，聚集各类科技创新创业人才，培养农业农村科技创业带头人。

邳州市先后建成国家级“星创天地”2家、省级“星创天地”3家。这些“星创天地”先后入驻创业企业52家，创客105人，培训近千人次，新增就业500人，带动万余户农民增收，户均增收3000元。

邳州市“星创天地”建设通过“公司+基地+联盟+农户+创客”的发展路径，走出了一条“校企深度融合，成果就地转化，产业链条完善，龙头企业引领，助力返乡创业”的“生态产业模式”之路，重点打造星创小额科技贷、星创银行种子资金等星创金融特色、星创技术联盟特色、星创创业实践基地特色等，形成龙头企业“顶天立地”、中小微企业“铺天盖地”的新局面；吸引一批熟悉农村产业、经验丰富的创业导师和团队向农村聚集，发挥星创天地“做给农民看，带着农民干，领着农民赚”的实质。

（来源：《徐州日报》2018年9月22日）

（二）在政策上对创新创业者给予支持和鼓励

提高创新创业者下乡创业的思想认识，从精神层面来说具有很强的激励作用，同时，政策激励的作用也举足轻重。近年来，国家和地方政府也相继出台各种促进创新创业的相关政策，带动了一大批有识青年走进乡村、服务乡村。从国家政策来看，2015 年政府工作报告中提出“大众创业，万众创新”，随后国务院办公厅发布相关指导意见。同年 10 月国务院常务会议决定以减税助力创新创业，包括企业免税、奖励、分期缴纳个人所得税等。2016 年，国务院办公厅印发的《关于支持返乡下乡人员创业创新 促进农村一二三产业融合发展的意见》，在市场准入、金融服务、财政支持等方面，明确列出很多详细政策措施，并分别明确负责落实监管部门。2017 年，农业部（现为农业农村部）办公厅、中国农业发展银行办公室印发《关于政策性金融支持农村创业创新的通知》，明确和重点把握了政策性金融支持农村创业创新的目标任务和重点范围，并确定了加快健全政策性金融支持农村创业创新的推进机制。

专家观点

厚植“归巢创业”沃土 让返乡人才实现人生价值

在引进返乡人才资源时，各地纷纷“亮剑”，通过打好“乡情牌”，以亲情、乡情、友情为纽带，大力回引本土人才。然而，水往低处流，人往高处走，作为欠发达地区，想要在竞争中抢得先机，仅仅依靠“乡情牌”是远远不够的，更需要从多方面入手，从政策、服务、配套等方面联合发力，通过厚植“归巢创业”的沃土，提高引才综合环境，促进人才返乡创业。

首先要从政策上下功夫，要大胆探索、先行一步，出台针对返乡人才的相关政策及配套措施，在平台项目、培养培训、服务保障等方面给予返乡人才全方位的支持。

“筑巢引凤，助凤腾飞”。创新创业平台是凝聚各类优秀人才的“强磁场”，是助推回引人才作用发挥的重要载体。要按照“政府搭建平台、平台积聚资源、资源服务创业”的思路，成立返乡创业协会，搭建创新创业园等各类平台，让回乡人才有展示才华的舞台。

回引更多的在外优秀人才“归巢创业”，离不开细心贴心的服务。优秀人才选择回乡创业，可能是因为“落叶归根”的情怀，但要让他们留下并扎根，却需要“无微不至”的关怀。要有“返乡人才在哪里，我们的服务就跟进到哪里”的服务意识，除了提供项目推介、创业指导服务外，还应该成立针对返乡人才的金融机构，为返乡人才提供金融支持。要依托服务管理机构、职业学校等各类资源，对返乡人才进行有效培训，提高他们的创业成功率。

——四川省广元市委常委、组织部部长 许东明

在地方政策方面，各地也纷纷出台了很多促进农村创新创业的政策文件，在融资、创业培训和指导、补贴等方面制定了一系列优惠财税政策。如2018年，吉林省发改委会同财政厅、人社厅、农委联合印发了《进一步推进农民工等人员返乡下乡创业的政策措施》，从充分发挥财政

资金支持引导和带动作用、加大融资支持力度、加强用地保障、注重人才培养培训、强化公共服务、建立健全风险防范机制、推进政策落实 7 个方面，制定了 22 条具体政策措施，对农民工、高校毕业生和退役士兵等各类人员返乡下乡创业，更多人才、技术、资本等资源要素向农村汇聚和开辟就业新渠道具有很大的促进和推动作用，更为培育“三农”发展新动能奠定了良好的基础。

在各项政策中，补贴对创新创业者来说尤为关键，可极大地激励他们自主创业创新。不同地区、不同层级政府的补贴政策有所不同，其补贴政策制定视情况而定。但是补贴无非有两种：一种是税收减免；一种是现金奖励。2019 年，财政部、税务总局发布的《关于进一步支持和促进重点群体创业就业有关税收政策的通知》指出，建档立卡贫困人口、持《就业创业证》或《就业失业登记证》的人员，从事个体经营的，自办理个体工商户登记当月起，在 3 年内按每户每年 12000 元为限额依次扣减其当年实际应缴纳的增值税、城市维护建设税、教育费附加、地方教育附加和个人所得税。限额标准最高可上浮 20%，各省、自治区、直辖市人民政府可根据本地区实际情况在此幅度内确定具体限额标准。补贴政策除税收补贴外，还有创业基金、免费租房等各种补贴形式，国家和地方也都有所规定。

（三）落实各项支持措施

创新创业者进行创新创业的过程中，还需要一些必备的条件，如土地、电力等，因此，落实创新创业者的实际使用问题，是对他们的一种巨大支持和鼓舞，也会极大地提高创新创业者的成功率。《国务院办公厅关于支持返乡下乡人员创业创新 促进农村一二三产业融合发展的意见》(以下简称《意见》)，就落实用地、用电给出了以下具体的支持措施。

在用地方面，《意见》提出："在符合土地利用总体规划的前提下，通过调整存量土地资源，缓解返乡下乡人员创业创新用地难问题。支持返乡下乡人员按照相关用地政策，开展设施农业建设和经营。落实大众创业万众创新、现代农业、农产品加工业、休闲农业和乡村旅游等用地政策。鼓励返乡下乡人员依法以入股、合作、租赁等形式使用农村集体土地发展农业产业，依法使用农村集体建设用地开展创业创新。各省(区、市)可以根据本地实际，制定管理办法，支持返乡下乡人员依托自有和闲置农房院落发展农家乐。在符合农村宅基地管理规定和相关规划的前提下，允许返乡下乡人员和当地农民合作改建自住房。县级人民政府可在年度建设用地指标中单列一定比例专门用于返乡下乡人员建设农业配套辅助设施。城乡建设用地增减挂钩政策腾退出的建设用地指标，以及通过农村闲置宅基地整理新增的耕地和建设用地，重点支持返乡下乡人员创业创新。支持返乡下乡人员与农村集体经济组织共建农业物流仓储等设施。鼓励利用'四荒地'(荒山、荒沟、荒丘、荒滩)和厂矿废弃地、砖瓦窑废弃地、道路改线废弃地、闲置校舍、村庄空闲地等用于返乡下乡人员创业创新"。因此，各地政府可就以上各项用地规定，结合本地自身特点，最大可能地为创新创业者提供土地需要。

在用电方面，《意见》指出："返乡下乡人员发展农业、林木培育和种植、畜牧业、渔业生产、农业排灌用电以及农业服务业中的农产品初加工用电，包括对各种农产品进行脱水、凝固、去籽、净化、分类、晒干、剥皮、初烤、沤软或大批包装以供应初级市场的用电，均执行农业生产电价。”这是对农业的一项巨大支持，可以节约创新创业人员的创业成本，增大他们的利润空间，增强他们的持续创新创业的积极性。

延伸阅读

1. 科学技术部农村科技司、中国农村技术开发中心：《凝聚创新精神 汇聚创业英才：科技特派员农村科技创业扶贫典型事例汇编》，科学技术文献出版社2018年版。

2. 安徽大学农村改革与经济社会发展协同创新中心课题组：《乡村旅游：中国农民的第三次创业》，中国发展出版社2016年版。

3. 殷江滨：《产业转移、土地流转与农村劳动力回流》，陕西师范大学出版社2015年版。

深度思考

1. 要实现人才回乡返乡就业创业，就要通过提高农村基础设施和服务水平以及创新创业的必要条件等途径，以发挥激励作用，然而农村环境和功能的改善始终与城市有差别，那么怎样才能有效缩小城乡在生活、文化、教育、医疗等方面的差距呢？

2. 我们想增强农村创新创业活力、振兴乡村，可是创新创业的风险对于普通农民来说可能难以承担，因此，在风险共担方面，该怎样妥善处理呢？对于自身发展特点不明显或没有发展特色的乡村，又该怎样促进他们的发展呢？

3. 在国家对乡村大力支持和补贴过程中，怎样保障农民和创新创业者获取真实的红利，而不是被人从中盘削？不同级别政府部门如何做出和施行有效决策？

后 记

经过4个多月的辛苦工作，书稿终于完成了。既如释重负，又忐忑不安。最初接到写作任务是很兴奋的。首先，乡村振兴是一个令人振奋的新时代工程，对于我国全面建成小康社会、实现中华民族伟大复兴都具有重要意义。再者，乡村产业振兴又是乡村振兴的重中之重、难中之难，需要各级政府和领导干部在乡村振兴战略布局中予以优先和着重考虑。能够参与到这样一项工作中来，是一件很荣幸的事。

《乡村振兴战略规划（2018—2022年）》是对习近平总书记乡村振兴系列重要论述、《中共中央 国务院关于实施乡村振兴战略的意见》的具体化，是各地结合本地区实际实施乡村振兴战略的基本遵循。如何把习近平总书记的重要论述及党中央国务院的决策部署宣讲好、推动好，让各级政府及领导干部、基层党员群众理解好、贯彻好，也是一件非常具有挑战性的任务，因此，我在写作时倍感压力。

在写作本书的过程中，我参考了大量的与乡村振兴相关的文件、专家学者的著作论文、报章书刊的报道以及各地的典型经验做法等，未能一一列举，在此一并致谢致歉。

我的研究生马寒卿、苗胜蕊、姚瑜、刘庆玉、董莹蕾、吴琪为本书的写作也作出了重要贡献。

感谢中央党史和文献研究院崔友平教授和红旗文稿杂志社社长顾保国，为我提供了这次学习思考写作的机会。

虽然我做了很多努力，但由于水平所限，如有解读论述不深刻、不到位的地方，敬请读者朋友批评指正。

董彦岭

2019 年 9 月